O espírito cósmico

Livros de Pai Joaquim de Aruanda
Obras mediúnicas psicografadas por
Maria Regina Vilarinho

• Umbanda, luz para a alma - 2013
• A luz do conhecimento em você - 2015
• Profilaxia dos espíritos e dos médiuns - 2016
• Na intimidade do Cosmo - 2016
• Luzes-cores do magnetismo sublime - 2017
• Magnetismo sublime - 2018
• Ímã envolvente - 2018
• Ventos levantes - 2019
• A cura pelo conhecimento - 2019
• Sol, morada do amor - 2019
• Entre o tempo e o espaço – 2020
• Filosofia Universal – 2021
• Filosofia da História - 2021

Pai Joaquim de Aruanda

O espírito cósmico

**Obra mediúnica psicografada
por Maria Regina Vilarinho**

Brasília, DF
2021

Todos os direitos autorais desta edição são reservados à

Editora Luz e Conhecimento
Quadra 3, Conjunto A, Lote 2
CEP 71.540-400   Varjão do Torto, Brasília, DF
Fone: (061) 99803.0338
http://www.editoraluzeconhecimento.com.br
contato@editoraluzeconhecimento.com.br

Copyright© 2021: Editora Luz e Conhecimento
Créditos:
Diagramação: Verônica Eilde Valença Jordão
Revisão: Adriana Marianna dos Santos Marques
Foto capa: NASA

Dados Internacionais de Catalogação na Publicação (CIP)

V697m
    Vilarinho, Maria Regina.
      O espírito cósmico / obra mediúnica inspirada pelo
    Espírito de Pai Joaquim de Aruanda a médium Maria Regina Vilarinho.
    – 1. ed. Brasília, DF: Editora Luz e Conhecimento, 2021.
      279 p.: 16 x 23cm

    ISBN 978-65-88260-13-5

    1. Religião. 2. Umbanda. 3. Espírito. 4.Formação. 5. Universo. 6.
Arcanjos. 7. Nebulosa. 8. Átomo. 9. Eixo magnético. 10. Ímã
envolvente. 11. Dínamo. 12. Conexões. 13. Magnetismo. 14.
Energia envoltória. 15. Energia tridimensional. I. Vilarinho, Maria
Regina. II. Título.

                               CDU 259.4

Responsável: Ana Flávia do Nascimento Dias (CRB 1/1999)

Dedicatória

Dedicamos este livro ao Pai, aos Mestres do Amor da Hierarquia Sublime, aos Pais-Arcanjos, aos familiares cósmicos e aos amores eternos que nos alertam para a estrutura sutil e complexa do espírito, que nos permite caminhar nesta estrela e nas moradas sublimes do Universo; a todos os espíritos cósmicos, trabalhadores do Pai ou estagnados na indiferença e desamor, entre reencarnações e desencarnações, lutas contínuas, oportunidades e experiências para as renovações éticas e virtuosas, buscam forças nos princípios do amor e caminham alegres, conectados aos corações dos Mestres de Amor da Umbanda e ao Pai.

Sumário

Magnetismo pulsante

Pai Sublime,
Do âmago de seu coração,
Partem as partículas vibrantes,
Que caminham no Universo,
A cada pulsar de seu eixo magnético,
Para se unir a família universal.
Filhos amados!
Filhos do amor!
Seus brilhos irradiam,
As luzes-cores do infinito,
Os tons translúcidos da eternidade,
Os matizes de alegria de cada coração,
Formando o arco-íris de cores vibrantes.
Filhos da Eterna Luz!
Filhos da sabedoria infinita!
No grande magnetismo absoluto,
Caminhos milenares percorrem,
Moradas esplendorosas habitam,
Oportunidades grandiosas abraçam,
Vivências magnânimas concretizam,
Filhos, partículas do amor!
Filhos da alegria!
Conexões entre irmãos universais,
Se sublimam em variações retilíneas,
No transcurso do tempo e do espaço,
Nutrindo o mecanismo central do dínamo,
Permitindo aos filhos amados,
Pulsar na liberdade do amor!
Salve Umbanda do Um!
Salve Mentes Sublimes!
Salve Pai do Amor!
Salve o Universo Infinito!

Maria Regina Vilarinho
Caboclo Cora Coral

Palavras do Médium

Nós, espíritos cósmicos, estamos na Terra, considerada como importante escola de fraternidade, para o aperfeiçoamento e regeneração dos sentimentos. Neste ambiente especialmente preparado pela sublimidade maior, oportunidades e trabalhos purificadores se mesclam com o sabor amargo das decepções e dores profundas. Com a consciência amortecida nas intensas atividades rotineiras, algumas delas necessárias para a vivência digna e outras criadas na superficialidade das ilusões terrenas, perdemos a capacidade de discernir quem somos e o porquê estamos nesta morada e não em outra, de extrema leveza e paz, junto aos seres de brilhos radiantes de amor.

Embora as misérias sociais e morais sejam constantes, há muito acreditamos que tudo o que vemos e sentimos é 'normal' por sermos, provavelmente, os únicos habitantes do Universo, ou ainda, que no processo de evolução é preciso vivenciar essas misérias, pois ainda somos espíritos 'jovens, primitivos' e em evolução. Restringindo a religiosidade interior ao materialismo, desconsiderando a dinâmica retilínea da vida cósmica, permanecemos mergulhados nas sombras das sensações e das conexões psíquicas, que acentuam as tristezas e as desilusões.

Imersos na natural ignorância que construímos, não percebemos que a vida palpita nos mundos distantes, o Universo pulsa e vibra nas preces sinceras e cristalinas das almas livres, nos ventos levantes e nos quasares que brilham, levando as partículas do amor a todas as regiões, nos perfumes e aromas que despertam as alegrias dos amores eternos, no conforto dos pais que abraçam seus filhos amados, nos lares sublimes e nos raios solares que brilham intensamente em agradecimento ao amor absoluto do Pai, inundando o espaço infinito com átomos e células de grande magnitude.

O Pai Sublime tudo comanda, irradiando o magnetismo primordial para o equilíbrio do Eixo Magnético do Universo, as grandes formações estelares, a natureza una, a criação e a manutenção dos espíritos no espaço cósmico. Neste equilíbrio energético, onde as junções dos magnetismos psíquicos se conectam e brilham, adequando e unificando todos os feixes de luzes-cores, em movimentos precisos e retilíneos, entre reações e explosões magníficas, nós nascemos nas nebulosas radiantes como átomos-espíritos e vivemos nas moradas sublimes do Universo, nos transformando em espíritos cósmicos individualizados.

No caminhar entre estrelas, as memórias e lembranças vividas entre o tempo e o espaço trazem, saudosamente, a alegria dos encontros e reencontros de amigos sinceros os quais agradecemos pelos estudos e oportunidades de vivenciar suas moradas e de tê-los em nossos corações. Todavia, nós e outros filhos do Pai escolhemos esquecer essas alegrias contagiantes, os brilhos dos Arcanjos, dos Mestres do Amor e de nós próprios e todo o magnetismo do amor que nos envolve.

Surpresos ante tais fatos, perguntamos: por que tomamos essas decisões? Por que trocamos os brilhos e a paz do amor pela escuridão e as dores alucinantes? A resposta a esta pergunta é mais surpreendente: — Por nossa escolha, decisão e querer, chegamos às remotas regiões sombrias da Terra, onde a escuridão e os seres satânicos e amorais tentam dominar aqueles que viraram as costas ao Pai. Essa escolha nos tornou exilados, ou seja, tivemos que ser removidos e ficar isolados, sem poder sair dessa estrela. Somos espíritos antigos e nada jovens, com grande bagagem de vivências e lembranças, mas que, em algum momento, optamos por paralisar os sentimentos no desamor e na indiferença à sublimidade, interrompendo a evolução natural e cósmica.

No santuário infinito da vida, almas nobres e virtuosas como Pai Joaquim de Aruanda e os Mestres Universais da Umbanda, vêm em nosso auxílio para, dignamente, reerguermos a autoestima e acionarmos as reflexões e, pelo conhecimento cósmico dos conceitos universais, resgatar quem somos, de onde viemos e para onde iremos, depois desta estrela.

Ele nos relembra as palavras do Consolador que há muitos séculos nos disse que na casa do Pai há diversas infinitas moradas e que é pelo amor que apagaremos a escuridão interna que criamos. Como também, nos alerta quanto à complexidade dos sistemas envoltório magnéticos de nossa constituição espiritual e às sugestões sublimes e densas que atingem os pontos presentes na magnífica estrutura do eixo magnético do espírito, ressaltando a extraordinária atuação das energias tridimensionais — sentir, pensar e agir —, do eixo magnético do espírito que é o ponto de partida para os sentimentos, pensamentos e ações, impulsionando o progresso evolutivo.

O Mestre Universal, ao descrever com mais detalhes nossa origem cósmica e a magnânima atuação do ímã envolvente, também nos possibilitou perguntar e expor as dúvidas quanto aos princípios da criação do espírito e da liberdade de escolher o próprio caminho, oferecida pelo Pai. Suas respostas, conectadas à sabedoria do conhecimento único do coração, nos induzem a maiores e pertinentes reflexões.

Continuando com o auxílio das análises e reflexões para redescobrirmos quem somos e buscarmos respostas concretas em conexão com nossa família cósmica, o amor eterno e os Mestres da Umbanda, exercícios importantes e amplos para o nosso conhecimento e experiência foram propostos, ao final de cada capítulo. Ao promovermos as conexões psíquicas e olharmos para o nosso interior com sinceridade, entendemos o nosso estado psíquico e onde estacionamos, em termos de frequência vibratória e sentimentos.

Esses exercícios nos induzem a analisar as pulsações que mais envolvem os nossos pensamentos, durante o trabalho físico, os afazeres diários ou, ao som de músicas suaves, ou ainda, a leitura de textos edificantes. O deslocamento para áreas calmas e tranquilas, para a execução dos exercícios, tem o propósito de acalmar nosso estado psíquico e permitir sentirmos aromas novos, redescobrir a natureza, enquanto, acalmamos o coração.

É necessário lembrar que, grandes mudanças na estrela estão ocorrendo entre as programações e oportunidades que o Pai nos oferece e estas são magníficas. Por meio elas descobrimos que somos partículas de amor criadas pelo Pai, impulsionadas pelo amor incondicional de seres sublimes e que somos aguardados com alegria pelos amores eternos, familiares cósmicos e irmãos universais. Mas, para que tudo isso aconteça, precisamos prestar atenção nos estudos retilíneos da ciência cósmica e na profundidade dos mecanismos de ensinamentos que nos capacitam a tornarmos livres no Universo.

Muita luz, paz e amor!

Maria Regina Vilarinho

Quem é o espírito eterno, imortal e infinito?

Da nebulosa flutuante, entre feixes luminosos e giros radiantes de amor, o espírito eterno e infinito aciona seu próprio imã de conexão com o auxílio de todos os irmãos universais e brilha na imensidão do Cosmo!

1

O ser espiritual cósmico

Somos brilhos eternos em constante expansão radiosa e infinita, se transformando em seres magnânimos e livres aos olhos do Pai.

Lar universal: a Grande Unidade

Imersos nos brilhos universais dos auxílios que partem do infinito, nas transformações e pulsações envolventes que organizam, entre o tempo e o espaço, as lembranças do percurso cósmico, que nos mantêm ligados às famílias cósmicas, ainda assim, saudosos e incertos diante do que imaginamos ser desconhecido, nos perguntamos com frequência: quem somos? Surgimos ao acaso pelas reações do magnetismo atômico ou fomos criados por alguém? De onde viemos? Como construímos nossas vivências e bagagens de experiências?

As respostas a estas perguntas são simples, diretas e sem necessidade de criar paradoxos ou estabelecer paradigmas que geram dúvidas e conflitos. Ao olharmos o infinito e a natureza una e universal, os fatos por si nos mostram a harmonia existente entre as estrelas, satélites, galáxias, ventos levantes e outros no espaço sideral, cujas estruturas giram sempre em posições e movimentos que podem ser calculados com precisão matemática.

Isso nos leva a certeza de que um princípio inteligente comanda a natureza una no espaço cósmico universal — a Causa Primeira ou Inteligência Suprema. A precisão e harmonia na imensidão do espaço indicam que nada foi obra do acaso, o que reafirma o velho conceito popular que diz que pela 'obra se conhece o autor'.

A mesma precisão é observada para a questão dos espíritos ou almas que habitam o Universo. Somos espíritos e nossa origem e ponto inicial se faz a partir do amor absoluto desta, que como vimos é a Inteligência Suprema, a Causa Primeira. Por Sua Vontade e Determinação, o Eixo Magnético Tridimensional — coração, mente e reação —, que é o ponto mais vibrante do Universo, é acionado, produzindo infinitos princípios inteligentes — os espíritos. O Nosso Pai, a Grande Luz e Mente do Amor, une Seu dínamo espiritual turbilhonante de energia primordial às energias sublimes dos espíritos que a Ele estarão conectados, na eternidade e no infinito.

Por não surgirmos ao acaso, mas sermos resultados do Amor Absoluto do Pai, imersos em suas vibrações e pulsações e reagindo às energias nucleares sublimes, encontramos nesse ambiente magnífico nossa essência e aí, estabelecemos nossa frequência vibratória, também igualmente, pulsante e vibrante. Embora nos tornemos seres individualizados e espíritos livres, entre o tempo e o espaço, seremos eternamente partículas divinas do coração amoroso do Pai. Em razão dessas particularidades, devemos nos considerar como sendo sua semelhança e imagem.

Quando o ser vibra na pulsação do Universo e
reage às reações da Lei do amor, sua leveza e brilho
o conecta diretamente à energia do Pai.

Vivendo no lar oferecido pelo Pai conhecido como Universo, ao despertarmos, vagarosamente, a consciência e os sentidos, vamos observando que este local é grandioso, esplendoroso e, em sua imensidão infinita, ecoa a palavra amor, cuja frequência sonora extraordinária se multiplica em brilhos, provocando explosões e reações que geram outras partículas de amor atribuídas ao Pai e às Mentes Sublimes, aos irmãos universais, aos familiares cósmicos e ao eterno amor.

Por este ambiente oferecer, de modo retilíneo, o amor incondicional do Pai, ele faz o coração do ser pulsar, vibrar e florescer, fortalecendo, em consequência, o psiquismo, que é quando a alma adquire a certeza de encontrar os mais sublimes irmãos na hierarquia estabelecida pelo Pai, dando início a construção de sua própria identidade e história individual e coletiva. Assim sendo, durante as conexões que se formam entre os seres, os brilhos e as reações das partículas de amor explodem, movimentando os eixos magnéticos dos espíritos, fazendo-os ascensionar e pulsar sempre em direção ao Eixo Magnético do Pai, enquanto, duradouras afinidades e irmandades são fortemente definidas criando laços eternos na família universal.

O lar criado pelos laços profundos do Grande Amor do Magnetismo do Um, não é apenas, uma casa ou morada construída com diferentes formas e tipos de materiais e a presença aleatória de seres que chegam, partem ou se movem no espaço. Ele é o nosso grandioso Universo, que é infinito e, é nele que iremos continuar existindo e progredindo. Ele é a morada eterna e o lar do coração do Pai, nele vivenciaremos experiências milenares e será o nosso eterno lar.

No caminhar passo a passo e entre vivências, a magnitude incondicional das conexões que são definidas por cada um dos espíritos e entre seus pares, a partir do Pai, das Mentes Sublimes da Hierarquia Cósmica e entre os familiares e o amor eterno, não é mera coincidência. Na Grande Fraternidade do Amor, as conexões psíquicas derivam das junções de fatores sob as ações do Magnetismo Primordial, desdobradas em sentimentos e escolhas que direcionam os espíritos a sensibilizarem os seus pulsares para as energias envolventes e a se manterem ligados no infinito pelos corações.

As conexões psíquicas e dos sentimentos têm, portanto, origem no Universo e no Grande Amor do Magnetismo do Um, gerando frequências sonoras que interligam as pulsações dos corações, que terminam por apresentar velocidades e brilhos próprios de cada ser e coletividades.

No circuito acolhedor do espaço preparado com os brilhos nucleares do Amor Absoluto, o espírito que ao nascer passa a integrar a família universal e, nesta, os núcleos menores de famílias cósmicas constituída de pais, mães, filhos, netos, irmãos e amores eternos, se educa, caminha, estuda, progride e organiza, lentamente, sua bagagem de experiências e vivências. As conexões, sensações e sentimentos produzidos, entre os espíritos, nesse lar, em forma de sensações únicas de estímulos, amparo, força, certeza, segurança, proteção psíquica e emocional são passos importantes para o progresso de cada ser.

Caminhando cercado por cenários de extrema beleza que são comuns em nosso lar e deslizam perante os nossos olhos, ficamos deslumbrados ao observarmos as imensidões de energias que partem do infinito, levadas pela Hierarquia Sideral com o auxílio da energia do tempo, em movimentos circulares extremamente velozes e translúcidos. Entre o tempo e o espaço, conforme as programações das Mentes Sublimes, essas junções e movimentações de energias correspondentes às conexões retilíneas objetivam chegar aos corações dos seres para que, em algum momento, estes corações também se transformem em magníficos brilhos de energias, comparados aos raios benéficos do Sol e da Lua, dispersando na imensidão, em consequência, brilhos de amor no Universo.

Estes movimentos de energias, especialmente a primordial, magnética e envoltória, mostram que toda partícula atômica sublime é retilínea no espaço contínuo de nosso lar, por isso as vibrações e pulsações aconchegantes do Pai e das Mentes Sublimes podem ser transformadas, por exemplo, em alegria e ao ser levada aos corações dos seres se espargem como raios velozes de altíssimas frequências motivando-os a sentirem o amor magnânimo que a todos envolvem, enquanto em seus próprios corações, executam reações de energias que, também, se transformam em partículas radiantes de amor e alegria.

Nesse local magnífico quais outras sensações, sentimentos e pensamentos predominam nas pulsações do Pai para impulsionar seus filhos amados? O lar cósmico dos espíritos, além das luzes e cores indescritíveis, também nele, pulsa profundamente paz, ordem e serenidade promovidas pelas programações. Ele se torna repleto de ensinamentos, aprendizados, bondades, lealdades, companheirismos e todos podem ter, igualmente, acesso ao conforto que o conhecimento e o amor proporcionam.

Associado a estes fatores, outros, também, estimulam o progresso gracioso dos seres como os perfumes, aromas e flores mais agradáveis, as vibrações das melodias suaves, as explosões radiantes dos átomos, os brilhos das estrelas-moradas, os raios magnéticos do Sol e da Lua, as vibrações retilíneas do coração do Pai e infinitos outros eventos reagentes da harmonia do amor.

Durante o caminhar entre estrelas, no lar cósmico, o agradecimento profundo do amor contínuo, o sentir dos ventos girantes e levantes, dos cometas e quasares, dos raios, partículas e brilhos da energia do tempo são mecanismos que predominam e impulsionam o espírito para o comprometimento e a leveza envolvente do trabalho digno, a determinação e coragem para superar obstáculos que possam surgir na caminhada cósmica, buscar nas lembranças e na saudade a existência do amor incondicional dos familiares cósmicos, se assim o desejar ou necessitar.

A paz e a serenidade dos mecanismos evolutivos dos espíritos na Unidade Cósmica Universal — nossa pátria e terra natal —, é estabelecida e mantida em razão da junção de valores, princípios e normas morais, sociais e éticas imutáveis e eternas. Eles são de autoria do Pai e executadas pelos espíritos de maiores frequências vibratórias do Universo e são necessárias para garantir a educação e o respeito mútuo, os aprendizados e oportunidades, o progresso e a evolução do espírito desde sua formação, de modo coerente, retilíneo e contínuo.

Seguindo a lei natural decorrente da Lei do Amor no contexto desses valores e princípios, todas as virtudes adquiridas pelo espírito se conectam nas vibrações sublimes do ímã envolvente, trazendo leveza ao seu complexo celular, que se traduzem em bem-estar formando no conjunto a ordem, a harmonia e equilíbrio de suas vivências.

Direcionados em igualdade de condições para a evolução eterna e infinita, em todo complexo absoluto da essência do Um, verificamos que em nossa pátria e lar não há razões para desenvolver tristeza, melindre, inveja, orgulho, egoísmo ou outros sentimentos subterrâneos e menos dignos. As consciências livres e vibrantes de amor unem ou conectam os corações pela alegria em saber que o Pai os criaram para, também, compartilhar de suas aspirações e alegrias. E elas são magníficas!

Caminhos entre estrelas

O equilíbrio contínuo entre o tempo e o espaço mantido por reações ondulatórias de feixes sublimes, nos momentos fecundos das criações e manutenções da vida como um todo é obtido por explosões atômicas perfeitas, como resultado da união das Mentes Sublimes, em sintonias energéticas que se combinam para o cumprimento das programações.

Estes eventos encaminhados pela energia do tempo são elaborados com precisão matemática, com bilhões de anos de antecedência e demonstram para o espírito que o Universo é, portanto, o reflexo e a totalidade das sensações, sentimentos, pensamentos e frequências sonoras que se articulam e interconectam para cada ser compreender seu compromisso, experiência e oportunidade única, no espaço.

No âmbito de conexões envolventes para a concretização das obras do Pai, partem de Seu Eixo

Magnético, o magnetismo primordial e outras energias sublimes, como a envoltória e a magnética, que são dirigidas por forças psíquicas de notório saber universal, cujas propriedades conferem à energia do tempo, a diversidade das criações, por atuarem em tudo e por toda parte, criando, transformando e renovando os trabalhos exuberantes da natureza una.

No espaço cósmico, essas energias e forças atuando por leis específicas e precisas, nos quatro pontos do espaço vibrante e pulsante do Um, são as geradoras das estrelas e das estruturas de amparos à vida e dos seres. Suas partículas impulsionam com frequências extremamente elevadas, cada obra e espírito para que estes possam reagir às pulsações e sequências programadas enviadas pelo Nosso Pai, a grande família universal e a família cósmica.

Momentos, programações e experiências são fatores individuais e coletivos que criam vivências impregnadas de sentidos, sentimentos, psiquismos e história. Todas essas ações sincronizadas dirigem as programações e sequências de eventos importantes, tanto para os complexos de sistemas como para os espíritos, governando, em consequência, os trabalhos magníficos da natureza. É o trabalho na lei do UM para o progresso e é a vivência na Lei da Unidade Cósmica Universal para a concretização da liberdade.

No trabalho magnífico do magnetismo universal, as leis e forças asseguram ao eterno e perfeito esplendor da criação e à alma imortal, a diversidade infinita de estrelas, à semelhança de um belo jardim com milhares de variedades de plantas e flores. O belo cenário preenche os nossos olhos, nos revelam estrelas radiosas que giram em movimentos graciosos no espaço, refletindo a sabedoria, a inteligência e o pensamento do Pai.

Essas estruturas magnéticas inseridas nas fabulosas e magníficas nebulosas, são convertidas em moradas para os espíritos e suas respectivas famílias cósmicas formando lares inseridos no grandioso lar cósmico. Estes lares, por sua vez, abrigam outros núcleos menores de lares, as células familiares. Essa estratificação é semelhante a um condomínio de prédios, onde cada prédio representa uma estrela, que é subdividido em apartamentos correspondentes aos lares das famílias. No ambiente exterior, o paisagismo artístico e estético demonstra o refinado bom-gosto de seus proprietários e o profundo conhecimento da filosofia da botânica existente no Cosmo.

A leveza dos brilhos do amor é envolvente de cada ser, que é envolvente nas partículas atômicas do Universo e demonstram a profundidade de um coração sublime.

A contínua circulação do magnetismo primordial e seus elementos primários em feixes sublimes, pela grandiosidade da ação divina da Grande Mente do Amor, obtido nas explosões para a sustentação dos sistemas estelares e galácticos e os respectivos lares dos espíritos, têm o propósito de dar sequência ao progresso evolutivo e ao processo dinâmico das conexões e aprendizados.

Essas programações direcionam a família cósmica, não apenas para uma estrela, mas para várias estrelas, facultando inúmeras oportunidades e trabalhos para o progresso e a evolução do ser. Os impulsos da Lei do Um, a partir deste mecanismo, provoca reações e explosões necessárias às construções programadas de crescimento e compreensão do magnetismo envolvente do Universo que jaz inserido, interna e externamente, em cada indivíduo.

Entender as integrações das diferentes essências magnéticas que envolvem os espíritos no espaço do Uno, para que os progressos individuais e coletivos pulsem e impulsionem cada ser, são atribuições dos Arcanjos Sublimes. Estes acionam os corações que caminham para o progresso evolutivo, envolvendo os trabalhos, estudos e conexões com detalhes e ordenamentos precisos, nas programações.

Teorias, conceitos e grandes debates filosóficos fazem reagir o eixo magnético, direcionam e ordenam o caminhar equilibrado de cada ser e família cósmica. Os estudos filosóficos que desvendam esse extraordinário mecanismo magnético evolutivo associado à energia do tempo são, por seu turno, responsáveis pelas sensibilizações dos ímãs dos espíritos.

No contexto do lar cósmico, observamos que os espíritos criados pelo Pai não se encontram a esmo e a ermo no espaço infinito, como se estivessem passeando em um grande e belo jardim perfumado por flores exóticas, sem compromissos de aprendizados, vivências, trabalhos e crescimentos evolutivos. Todo e qualquer passo a ser dado é direcionado por programações e suas sequências de atividades para que não haja perda de tempo e ociosidade fazendo com o que a amplitude do desenvolvimento psíquico favoreça a aquisição consciente de liberdade em todos os aspectos possíveis.

Entre o tempo e o espaço, à medida que a consciência se amplia, esse extraordinário mecanismo de amparo à vida do espírito é vislumbrado por todos, trazendo alegrias e esperanças nos corações. Todavia, estando exilado em uma estrela fria, como podemos saber se conhecemos esse extraordinário mecanismo que impulsiona os espíritos no espaço cósmico? A resposta a essa pergunta nos remete à necessidade de compreensão de muitos sentimentos inexplicáveis que surgem em nossos corações.

Por estarmos localizados em uma estrela, a exemplo de todos os outros espíritos e envolvidos pelos brilhos e reações de amor do Universo, ao analisarmos uma noite estrelada e sentirmos a suavidade das brisas e raios que passam por nós, nos certificamos que as ações, leis, forças e energias criadas pelo Nosso Pai revelam números infinitos de estrelas cintilantes. E é inegável o número magnífico de pontos radiantes que os nossos olhos captam no espetáculo infinito da natureza.

Muitas vezes, ao contemplarmos esse panorama esplêndido, um sentimento de saudosismo inexplicável e inconsciente nos faz lembrar de nossos lares e o sentir que as estrelas foram organizadas para assegurarem a harmonia sob o duplo aspecto de eternidade e espaço no complexo absoluto da essência do Um, enquanto promovem o bem-estar retilíneo dos espíritos.

Felizmente, essa energia magnética, revestida de partículas primordiais sublimes que acionam nossos corações para lembrarmos de nossa origem e nos conecta a eventos passados e aos seres queridos, denomina-se saudade. Este sentimento fortemente ligado às lembranças das vivências no Universo é muito mais que, simplesmente lembrar-se de algum acontecimento passado nesta vida; ele é também um poderoso mecanismo de conexão com a família cósmica e universal.

Mesmo que nos pareça abstrato compreender o mecanismo extraordinário das lembranças e da saudade por estarmos, temporariamente, em uma estrela fria e nossos sentidos não nos permitir sentir os sons e as sensações plenas do Universo, visualizar as criações magníficas do Pai e os feixes de luzes-cores que se movimentam no nosso lar universal, não devemos deixar de acreditar que os fatos e os eventos marcantes de nossas vidas sejam impossíveis de serem sentidos e visualizados, para o benefício de nosso progresso.

Essa condição de alienação sobre quem somos será revertida após as renovações dos sentimentos inferiores que carregamos e que serão reabilitados com o auxílio das Leis, de Ação e Reação e do Amor Absoluto, acionadas pela Hierarquia Sublime. As transformações e renovações ocorrem, rapidamente, quando o espírito assim o deseja, porque as energias deste amor grandioso, penetram e unem todas as células dos corpos orgânicos e inorgânicos como se estivessem nas vastas regiões etéricas de um grande oceano.

Esse mecanismo de retorno às sintonias e sincronias psíquicas e dos corações, envolvido pelas energias primordiais e que está sempre vinculado, no tempo e no espaço, ao Eixo Magnético do Pai, deslocam raios específicos e ultravelozes, aos pontos do ímã envolvente, auxiliando nas desobstruções destes.

Ordem magnética na Grande Unidade

A cada passo dado imerso nas energias sublimes ampliando os sentidos e mantendo os sentimentos pulsando nessas energias, verificamos que o Universo, nosso lar e pátria, construído pelo Grande Amor e Sabedoria do Magnetismo do Um, é muito mais dinâmico e belo do que imaginamos, descortinando estruturas e formas exuberantes de sóis e luas, sistemas estelares e galácticos, nebulosas, cometas, quasares, ventos levantes, partículas e feixes radiantes.

As construções dessas obras e estruturas ao transparecerem em suas formas o pensamento profundo de amor que as idealizaram, igualmente expressam a precisão matemática com que cada uma foi realizada. Seus idealizadores são construtores, engenheiros e outros especialistas, que trabalham atendendo os pedidos e a vontade do Nosso Amoroso Pai.

Dessa maneira, nesse contexto de magnífica envergadura, as junções das conexões psíquicas reverenciam as expansões determinadas pelo Pai e dão início as moradas-estrelas, assim como as outras estruturas, as quais formam-se pelas vibrações de amor do magnetismo, onde o Cosmo e as Mentes Sublimes estabelecem para cada uma a frequência desejada. A velocidade no envio dos raios, embora seja altíssima e em forma espiralada, é feita com simplicidade e estes armazenam os átomos para a grande troca dos elementos necessários à composição da natureza de cada estrutura. Cada objetivo, detalhe, traçado e forma não se parecem com nenhum outro, formando uma variedade inimaginável e infinita de mundos e sistemas que apoiam o caminhar eterno dos espíritos.

Os reflexos do Grande Magnetismo Envoltório, em cada etapa do processo, envolvem os átomos em velocidade calculada fazendo surgir padrões e desenhos atômicos, os quais formam artes naturais cósmicas obtidas pelas combinações de elementos químicos sublimes provindos de infinitos tipos de energias, de modo que, cada obra e arte atendam aos requisitos do Pai e de seus moradores.

Cada morada ou estrela, cuidadosamente pensada e construída, passa a constituir um todo psíquico, de sentimentos e emoções associado à diversidade das formas minerais e biológicas que dão suporte à vida, formando agrupamentos que refletem as cores, as luzes, os perfumes, os sons melodiosos característicos desse conjunto habitacional.

O Pai cria espíritos incessante e eternamente e, nesse ambiente de formações de infinitas famílias, verificamos, em consequência, que um número infinito de seres habitam a pátria espiritual. Após deixarem as nebulosas e a condição de alma-grupo, eles são direcionados para as estrelas condizentes com suas idades, objetivo de existência, necessidade de conhecimento e experiências, frequências vibratórias e programações de estudos.

Na eternidade, reconhecemos que os espíritos apresentam idades e acúmulos diferentes de experiências e conhecimento, e assim, como as estruturas e suas formas, não há um espírito idêntico ao outro, cada um apresenta sua própria bagagem e compreensão dos eventos que regem e reagem a natureza una.

Após a saída do berçário nebular, em razão das vivências e bagagens do espírito que o individualiza e estabelece sua frequência vibratória única, a exemplo, da impressão digital, esta frequência dentro de um espectro magnético específico, torna-se similar a outras, como o de sua família cósmica. Vale ressaltar que mesmo entre os pares de amor eterno, cuja união do amor magnético é de extraordinária magnanimidade, existe diferenças nas frequências vibratórias dos dois corações. Essas pequenas diferenças são insignificantes perante a especificidade e o elo de amor deste tipo de magnetismo.

Na estrela Sol, por exemplo, a família cósmica que a habita apresenta frequência vibratória similar de altíssima pulsação e é reagente ao conhecimento único e a liberdade incondicional. A grande família do Sol apresenta objetivos de vivências semelhantes e é onde a filosofia predomina sobre todos os conceitos do Universo e de todos os elementos universais, tornando-os Mestres Universais do saber e das verdades eternas.

Outro exemplo, digno de ser lembrado é o da estrela Júpiter, cujos habitantes se especializaram na música, desenvolvendo habilidades no eixo magnético que os capacitam a auxiliar em forma de estudos e composições musicais milhares de outros espíritos, inspirando-os para a música, a poesia e as artes em geral, que estabelecem grandezas intelectuais inigualáveis.

As estrelas longe de serem matérias inertes, estruturas vazias e sem qualquer sinal de vida, como os seres da Terra visualizam a estrela Marte, por exemplo, são mananciais exuberantes de amor, psiquismos, sentimentos e fraternidades, cujos brilhos irradiam ao infinito do Universo. Ao vê-las como pontos cintilantes no espaço cósmico devemos imaginá-las a exemplo da vida que ocorre na estrela Terra, apresentando igualmente noites estreladas, Sol e Lua radiantes de magnetismo, vales, montanhas, matas e jardins cobertos por extraordinários e variados vegetais, oceanos, lagos e rios de águas cristalinas provendo os espíritos com espetáculos divinos e sublimes.

Nas estrelas sublimes, entre magníficos crepúsculos, entardeceres, luares, melodias por toda parte em sons melodiosos e reconfortantes e a natureza esplendorosa, os espíritos e suas respectivas famílias cósmicas transformam as programações e oportunidades oferecidas pelo Pai em forma de estudos e trabalhos, oportunidades e experiências. Nelas o Pai aguarda cada um de seus filhos a encontrar a liberdade pelo coração, pois não existem diferenças entre mundos sublimes. Sob a perspectiva da ordem magnética evolutiva, perguntamos: por que precisamos vivenciar as atividades evolutivas com disciplina, firmeza e determinação nas estrelas?

A vida imortal dos espíritos é de alegria, conexões e aprendizados e, como qualquer criança que nasce, cresce e se torna adulta, no mundo físico, os espíritos precisam, gradualmente, aprender a sentir, pensar e agir por si próprios. A família cósmica e o amor eterno são as forças, determinações e disciplinas que mantêm firmes os espíritos nos propósitos evolutivos a serem alcançados, dando sequência aos trabalhos e estudos reagentes, para que cada um cumpra os seus deveres, tornando as reações contínuas no psiquismo e no coração, agentes impulsionadores dos grandes passos a serem dados.

As leis do Magnetismo do Um que harmonizam o lar cósmico, revelam que a família universal ampara os espíritos recém-criados, assim como, os que caminham entre as estrelas, já há algum tempo, oferecendo a todos os brilhos de seus corações e psiquismos. Esse conjunto de medidas reflete em suas respectivas moradas, em raios deslumbrantes.

De modo singelo, os acadêmicos, por exemplo, mostram essas ações. A Terra recebe diretamente os raios do Sol e da Lua, porque ela viaja em torno do Sol na velocidade de 29,78 quilômetros por segundo e a Lua é o satélite magnético natural, distante aproximadamente

384.405 quilômetros, cujo ciclo regular de fases tornaram a Lua, uma importante referência cultural em todos os povos desde a antiguidade, influenciando calendários, as arte e a mitologia.

Para a ciência cósmica, essas ações são descritas como brilhos translúcidos, luminosidades pulsantes e o calor dos raios solares são as explosões de amor que irradiam no Universo, vindos das consciências sublimes que os dirigem aos seres da Terra, levando as partículas nucleares capazes de renovar a vida. Esse processo dinâmico de feixes radiantes, enquanto sensibilizam o espírito para que o progresso espiritual ocorra consoante os planejamentos das Mentes Sublimadas, também limpam as partículas impuras que surgem alimentadas por sentimentos densos de indivíduos e coletividades.

Sem que os seres no ambiente da Terra tenham consciência das conexões retilíneas e sublimes que os envolvem, os raios do Sol são enviados ao coração de cada ser, encarnado e desencarnado, cujas programações os ligam ao exílio ou às deportações, de modo contínuo, para nutrir a esperança e o convite da transformação dos sentimentos.

A Lua e seu magnetismo exuberante, no ambiente noturno, conta com o apoio dos Mestres sublimes especialistas, que também, atuam de modo semelhante aos Mestres Solares. Os psiquismos dos Mestres Lunares impregnam os recantos da Terra e os elementos orgânicos e inorgânicos, ou seja, a vida dos seres vivos e os minerais, com os feixes luminosos magnéticos e envolventes.

Os acadêmicos, de modo distorcido, vêm os feixes magnéticos lunares, como vibrações nas camadas atmosféricas mais próximas à Terra, que se propagam em forma de ondas, repercutindo em toda a estrutura terrestre. Todavia, a potência desse tipo de magnetismo atua sobre as moléculas, por exemplo: nas águas dos oceanos, fazendo-os movimentarem de acordo com as programações; na agricultura, em épocas de plantios e podas de plantas, que devem ser feitos em luas específicas; nas navegações e migrações de determinadas aves; e outros.

Nos seres humanos, estes feixes contendo brilhos de amor de frequências elevadíssimas, influenciam: o parto, o corte de cabelo, o sono, o humor, etc. Eles também provocam explosões e reações, em auxílio aos corações envolvidos no egoísmo primário, pois, esse tipo de sentimento devasta a alma e alimenta as consciências magnéticas que vibram na tristeza. Os raios têm, portanto, a atribuição de levar a reflexões que irão proporcionar mudanças internas e resgatar a dignidade e a nobreza dos espíritos embrutecidos e enceguecidos pelo desamor.

Escolhas e livre-arbítrio

Na Unidade do Um, entre alegrias, conexões e estudos que vibram no magnetismo envoltório, formando um grande pulsar e ímã entre o coração do Pai e os corações dos espíritos, temos os seres que habitam, temporariamente, a estrela-morada Terra. Esta estrela representa a universidade sublime que entre cursos e disciplinas, oferece recursos austeros para transformações e renovações de sentimentos que se deterioraram magneticamente, pois, ao invés de cultivar o amor e a esperança, os seres passaram a cultivar o desamor e a indiferença ao Pai e a sublimidade cósmica. Estes espíritos passam a integrar os grupos conhecidos como 'mentes do magnetismo inferior'.

Por que entre semeaduras dos grandes ensinamentos filosóficos e construções do amor alguns espíritos rejeitam as energias primordiais e o magnetismo do Amor Absoluto e necessitam passar por moradas específicas de aprendizados? Por que o espírito como partícula de amor e princípio inteligente rejeita seu Criador Supremo abrigando sentimentos do magnetismo degradado? O que representa, para o espírito, a energia do livre-arbítrio, e como ela direciona o seu caminhar, entre decisões e escolhas, alegrias ou dores? Qual a relação entre escolha e liberdade incondicional?

Vimos que o espírito, como partícula de amor criada diretamente do coração da Inteligência Suprema, é o princípio ou ser inteligente de Sua criação e está submetida à Sua vontade. No entanto, o Pai lhe concede o direito de tomar suas próprias decisões e efetivar suas escolhas, à medida que avoluma seu conhecimento, experiências e sabedoria. Tudo o que o espírito construir, resulta na sua própria conquista, a ele nada é imposto ou deliberado tolhendo sua liberdade.

Em razão desse mecanismo, observamos que, mesmo o espírito estando eternamente conectado à vontade do Pai, em cada um existe a individualidade e depende de cada ser alcançar a liberdade incondicional durante o caminhar no Universo. Ou ele poderá construir sua prisão psíquica, se escolher contrariar a Lei do Amor.

Quando ainda no berçário nebular, logo após a manifestação do magnetismo do amor eterno e o incondicional, por pouco perceber e analisar no ambiente que o envolve, exceto o sentir e o conhecimento de que está imerso no amor absoluto do Pai, o determinismo é o primeiro processo que o submete aos aprendizados. Vagarosamente, o determinismo cede lugar às próprias escolhas, entrando em ação a circulação da energia do livre-arbítrio, pelos pontos do ímã envolvente, cuja força é acionada pela vontade e decisão do espírito.

À medida que o espírito expande a consciência, essa força amplia sua potência, o que o leva a decidir, conforme o seu querer, e a se tornar independente, autônomo. Na Lei do Um, este mecanismo extraordinário concedido pelo Pai, lhe dá o direito e o mérito de selecionar entre as oportunidades oferecidas quais ele aceita e executa, ou seja, ele pode escolher se deseja ou não aproveitá-las e assimilá-las como instrumento de progresso.

Em qualquer etapa da caminhada do espírito, as Mentes Sublimes e a família cósmica programam aprendizados passando adiante o conhecimento e o pensamento profundo da natureza universal para garantir que este entenda e compreenda a responsabilidade de realizar suas próprias escolhas e decidir o melhor para si. O conhecimento das verdades eternas do Grande Infinito é a ferramenta determinante para a ampliação da consciência em termos de escolhas e decisões, capacitando o indivíduo a vivenciar vida cósmica com ética, virtude e alcançar a liberdade incondicional.

No sistema universal o trabalho, o estudo e as oportunidades de aplicar o conhecimento são imprescindíveis ao aperfeiçoamento do espírito, assim como o oxigênio e hidrogênio são para a manutenção da vida. É pelo conhecimento e aprendizado constantes e retilíneos que o ser adquire experiências no seu caminhar para a sublimidade e as assimilam conforme o seu interesse e consciência. Isso sinaliza que o espírito por ser uma partícula de amor do Pai não foi criado para passear pelo Cosmo sem qualquer compromisso que não o de aproveitar ao máximo o que o Universo oferece, pois isso, o levará à estagnação e não ao progresso evolutivo.

Desse modo, entre as alternativas que se desdobram durante as programações, se ele fez uma boa ou péssima escolha e esta o leva a alegria ou ao desconforto, a escolha e o querer são de sua inteira responsabilidade. A escolha amparada pela própria vontade e baseada nas energias sublimes o leva à liberdade incondicional, enquanto, a alternativa associada ao magnetismo degradado, o aprisiona em sintonias perversas e sentimentos enfermiços.

O vivenciar com firmeza, disciplina, humildade, simplicidade é o que o Pai nos pede e, para isso, Ele providencia um lar repleto de paz, harmonia, oportunidades e ensinamentos, mas ordenado pela Lei do Um. O espírito que sinaliza outros sentimentos, pensamentos e ações para o vivenciar contrário ao que o Pai programa, o faz pela sua própria escolha e liberdade de agir, ferindo gravemente a Lei Universal da Unidade Cósmica.

No decorrer das pulsações que impulsionam o caminhar do espírito, à medida que sua consciência amplia em função dos estudos e experiências oferecidas pelos Arcanjos e outros Mestres do Amor, ele deixa o berçário nebular e a condição de alma-grupo inicia outras programações em estrelas-moradas aptas a recebê-lo. Ele poderá ser enviado sozinho ou com algum membro de sua célula familiar ou ainda com seu amor eterno, por um curto ou longo período, de acordo com os aprendizados ou trabalhos a serem realizados.

Um espírito que tem aproximadamente 10 bilhões de anos de idade, em seu caminhar, encontrou a possibilidade de estudar e trabalhar em milhares de estrelas construindo conexões fraternas com milhões de espíritos, no Cosmo. Além das experiências gratificantes, as conexões e experiências entre moradas, famílias e vivências inserem nos corações do espírito, o mecanismo das lembranças e da saudade que, por serem pulsações e vibrações de energia sublime e explodirem em partículas de amor, criam as afinidades e os laços eternos de irmandade na família universal.

Durante muitos milhões de anos, o espírito caminhará entre estrelas, cujos lares são temporários e, vistos como educandários, ofertam e moldam as necessidades de aprendizados, além de estreitarem as afinidades do amor magnânimo e incondicional. Quando as formulações e os entendimentos dos conceitos eternos integrarem à essência do amor, entre o tempo e o espaço, entrando em conexão perfeita com o Magnetismo do Um e as escolhas dos espíritos os levarem para a liberdade incondicional, estes e sua família cósmica ajustam suas frequências vibratórias à estrela-morada a eles destinada e para ela vão se dirigindo até a sua ocupação completa. Cada par de amor eterno ou célula familiar terá a sua eterna morada dentro da morada eterna.

Um exemplo desse mecanismo é a morada Sol[1] que é de luminosidade radiosa como podemos observar a partir da Terra, de extremo conforto e elevada tecnologia, cujos habitantes, após passarem alguns milhões de anos caminhando entre estrelas-moradas, foram direcionados para a morada eterna. Por serem filósofos do Universo, a pedido do Pai ou das Mentes Sublimes executam diversos e grandiosos trabalhos em milhões de estrelas, podendo nelas residirem por algum tempo ou viajarem por curtos períodos de tempos, mas sempre retornam aos seus lares, às células familiares e a família cósmica.

Vimos que a criação incessante de espíritos, o caminhar daqueles que foram criados há muito tempo e

---

[1] Mais informações sobre a construção da estrela-morada Sol e o papel dos Mestres Solares podem ser obtidas no livro: VILARINHO, Maria Regina. **Sol, morada do amor**. Obra mediúnica inspirada pelo Espírito de Pai Joaquim de Aruanda à médium Maria Regina Vilarinho. – 1.ed. Brasília, DF: Editora Luz e Conhecimento, 2019. 269p.

os mais recentes, as escolhas, o livre-arbítrio e o querer dos grandes conjuntos de famílias, formam no grandioso Universo diversas estratificações de seres e respectivas frequências vibratórias, apresentando, em consequência, diferentes graus de conhecimento e qualidades adquiridas, serviços e trabalhos prestados, etc.

Essa estratificação hierárquica gera uma enorme demanda de planejamentos e programações para que cada ser continue recebendo estudos e oportunidades de modo que o seu complexo sutil reaja ordenando, por sua vez, seu caminhar eterno e infinito. Infelizmente, muitos espíritos não utilizam a energia do livre-arbítrio com sabedoria e transformam a energia do sentir, que é de pulsação elevada, em sentimentos inferiores.

Nesse âmbito, verificamos que as demandas para os grandes passos e as reações contínuas requerem momentos e ações específicos, dependendo da idade e frequência vibratória do espírito. Nos instantes seguintes à criação dos espíritos, quando eles ainda estão imersos no Dínamo Magnético Primordial são impulsionados pelas energias mais sublimes existentes se realizarem as primeiras escolhas em direção à estrutura familiar.

Para outras escolhas que definem estudos, aprendizados e sensibilização dos órgãos sensoriais em formação, o espírito reage ao determinismo. O que isso significa? O espírito está submetido ao coração do Pai e às leis e forças imutáveis cósmicas, por isso no primeiro momento, o ser já exerce o direito de escolher a sua célula familiar dentro da família cósmica a que pertence. Todavia, as primeiras sensações do sentir, pensar e agir durante a construção do eixo magnético, dos corpos sutis e percepção dos sistemas sensoriais são impulsionados pelos Arcanjos-Pais e Mentes Sublimes.

Ao deixarem o berçário, os espíritos submetidos às leis universais, enquanto, caminham entre as estrelas-moradas vão gradualmente aprendendo a exercerem a vontade, o querer e a liberdade em escolher contando sempre com o amparo da família cósmica e a universal e o amor eterno para que os propósitos evolutivos sejam alcançados com as precisões programadas.

As reações do sentir, pensar e agir vão ganhando proporções amplas nos mecanismos do Universo estruturando-se em conexões, reflexões, sintonias sublimes e acúmulo do conhecimento nobre submetidos à sua vontade, querer e percepção dos valores da ética. Nessa etapa da caminhada, a energia do livre-arbítrio vai circulando ao redor do eixo magnético e direciona o querer e o pensar em função dos sentimentos. Todavia, se os sentimentos não pulsarem na Lei do Amor, nem todos seguem os caminhos que os fazem retornar ao coração do Pai. Sob essa circunstância, estes seres que estabelecem para si próprios, realidades tristes, ilusórias e sombrias, criam desvios pedregosos na trajetória evolutiva.

Magnetismo das construções familiares

Baseado no direito e no mérito de selecionar os aprendizados oferecidos pelas Mentes Sublimes, onde e como o espírito alinha sua essência e o ímã envolvente às questões do sentir, pensar e agir para as vivências da cosmologia universal? Por que o espírito escolhe e decide caminhar contrariando a lei universal e quais são as consequências para esse delito de agressão à lei?

As respostas a essas reflexões nos remetem ao ponto inicial da criação, de modo a reconstruirmos os caminhos de evolução e progresso do espírito, os quais percorremos e, a partir daí, nos certificarmos de que somos imortais. O espírito, ao ser criado, fica submetido ao Dínamo Magnético Primordial e, portanto, envolto por energias envoltório-magnéticas primordiais, na nebulosa-mãe e berçário.

Nos primeiros instantes após as explosões e combinações atômicas que formam os átomos-espíritos, as programações em curso determinam que forças e pulsações de altíssimas potências e frequências presentes nas energias tridimensionais e vibrações do Amor Absoluto, que partem, diretamente, dos ímãs envolventes do Pai e dos Arcanjos entrem em ação, acionando os raios girantes velozes de brilhos magnânimos para a formação das células familiares, da respectiva família cósmica. Esses raios acionam os ímãs envolventes de cada futuro espírito, que os fazem vibrar intensamente e se deslocarem para o reconhecimento das frequências que permitem as conexões do amor eterno, dos futuros pais e irmãos, no grandioso magnetismo da construção familiar.

Na sequência da construção, geralmente, o primeiro reconhecimento se associa ao magnetismo do amor eterno, cujos ímãs formarão os pares ou casais que seguirão juntos pela eternidade. O reconhecimento do amor eterno é resultado da ação da extraordinária e grandiosa atração envoltório-magnética entre os pares, cujas energias específicas e similares direcionam os seres a irem ao encontro de seu respectivo ímã magnético, formando um par pela eternidade.

A ação desse magnetismo é específica e única para dois tipos de ações: a união dos pares do amor eterno e dar impulso ao Universo. O casal jamais se separará e caminhará sempre em profunda conexão magnética de corações, um amparando e impulsionando o outro. Mesmo que um dos seres se afaste, temporariamente, pela própria escolha e se dirija para uma estrela fria ou para executar algum tipo de trabalho em outras estrelas, em ambas as situações a saudade pode se tornar quase insuportável, todavia ela é um mecanismo salutar de conexão amorosa.

Em seguida, o magnetismo do amor incondicional aciona o reconhecimento e o encontro dos ímãs magnéticos dos futuros pais e irmãos, provocando explosões e brilhos intensos de alegrias. Na sequência dos reconhecimentos em que os mecanismos da construção familiar progridem e os pais aguardam o fortalecimento das conexões com os filhos, estrutura-se a forma hierárquica familiar conhecida na Terra, onde estão presentes sogros, tios, primos, sobrinhos, avós e netos.

As células familiares integram a família cósmica e, o conjunto destas, a universal. A sublimidade nas relações entre as células familiares e a família cósmica com os Arcanjos-Pais e a Hierarquia Sublime abrange o tempo e o espaço, ou seja, elas são permanentes, contínuas e pulsantes no magnetismo do Um. Este é um momento de profunda significância para os espíritos recém-criados onde se unem sentimentos, vibrações, magnetismos sublimados ao Dínamo Espiritual, o que dará prioridade ao sentir o amor magnânimo, o amar incondicional a todos, dentro das hierarquias e famílias estabelecidas pelo Pai.

A alegria de caminhar no Universo ao lado do amor eterno faz pulsar os dois corações para se tornarem um só átomo, uma só energia, na eternidade e no infinito.

Enquanto o espírito permanece no berçário, a energia envoltória continua a executar as programações, fazendo círculos giratórios pulsantes em altíssima frequência vibratória, a partir do Eixo Magnético do Pai, envolvendo todo o complexo do local e estimulando os espíritos a iniciarem as experiências alinhadas à Lei Universal. O grande magnetismo ordena a essência do ser, pulsar às questões do sentir e dá início a criação das frequências vibratórias com que ele passa a vibrar, pensar e atuar. Desse ponto em diante, lentamente, a energia do livre-arbítrio, formada pela energia tridimensional, passa a ser movimentada pelo ímã envolvente do espírito, determinando decisões e escolhas.

Simultaneamente, no decorrer das programações, círculos de forças e energias em forma de raios precisos de altíssimas velocidades, entram em atividade e envolvem os seres para a formação das células que comporão os tecidos dos corpos sutis e dar início as sequências de oportunidades, aprendizados e estudos. Todas as etapas dos processos são coordenadas com precisão absoluta pelos Arcanjos-Pais criadores da nebulosa-mãe e outros Mestres do Amor, os quais são responsáveis por conduzir e providenciar as programações, de acordo com o objetivo de criação do grupo de espíritos e o papel que executarão na família universal.

Após a célula familiar ser estabelecida, os pais terão importante papel a desempenhar na educação de seus filhos e, para isso, eles são os primeiros a deixarem o berçário, seguindo o modelo hierárquico estabelecido. Com o passar do tempo, as programações para cada etapa de aprendizados são encaminhadas para a coletividade e os indivíduos, mas a liberdade de escolher se participará ou não dos aprendizados é de cada ser dentro da célula familiar.

Todavia, à medida que o espírito vai compreendendo o pulsar do coração do Pai, no eixo magnético do Universo, as energias magnânimas que circulam nos sistemas atômicos e em como os estudos filosóficos fazem reagir o mecanismo central do conhecimento despertando para a grande luz universal, com o auxílio da filosofia e metafísica, o espírito agradece ao Pai, com alegria, cada oportunidade oferecida para os aprendizados de amor, os estudos teóricos e práticos e os trabalhos no magnetismo do Um.

Nesse âmbito, se um Arcanjo ou Mestre Universal solicita um trabalho a um espírito, o magnetismo de atração do amor incondicional entra em ação tornando o pulsar de seu coração tão intenso que o trabalho é executado com todo amor possível. Em razão do querer, da vontade e da disciplina em escolher a virtude e a ética do estudar, trabalhar e proceder com nobreza e determinação, que 97% dos espíritos no Universo habitam regiões sublimes.

Todavia, o caminhar dos espíritos no Universo, em função das escolhas, aponta para a formação de dois grupos: os que executam as programações sugeridas ou solicitadas pelos Arcanjos-Pais ou pais cósmicos, e os que não querem executar as atividades. Os que optaram pela execução de uma determinada proposta de estudo ou trabalho, esta o levará para a obtenção do merecimento que, por sua vez, resulta na construção da liberdade plena e incondicional. Essa construção gradual do merecimento e da liberdade permite o espírito usufruir dos aprendizados de amor nas moradas sublimes ou se dirigir para a sua morada eterna.

Caso contrário, após várias recusas vindas de escolhas e decisões do espírito, para não executar os trabalhos e os estudos sugeridos, torna-se evidente que este assimilou e desenvolveu energias inferiores do sentir e quer virar as costas à sublimidade, à sua família e às atividades importantes para o seu progresso espiritual. Estas decisões e escolhas, gradualmente, o separam do amor eterno, da família cósmica e o direcionarão para as regiões sombrias das estrelas geladas. A coletividade destes espíritos representa 3% dos seres criados pelo Pai, no Universo.

Estrelas-moradas frias

O determinismo voluntário na vida do espírito, novamente, entra em ação no decorrer da jornada evolutiva, em resposta às escolhas feitas pelo seu próprio querer que fogem às responsabilidades das leis sublimes do amor e da ética, ou seja, ele provoca uma intervenção indébita na ordem e harmonia da natureza una, rompendo os elos virtuosos das energias sublimes. Ao se deixar influenciar por energias degradadas do magnetismo como resultado das conexões com irmãos de mentes deterioradas pela subjugação dos sentimentos, ele perde o domínio sobre si, a conquista de sua liberdade e torna-se escravo de sua própria obra.

O que é o determinismo voluntário? Por que o espírito criado pelo coração do Pai, nutrido continuamente com partículas de amor e submetido às leis sublimes do Universo e Eixo Magnético Supremo escolhe caminhos contrários que levam à frieza e indiferença a tudo que é sublime? Por que os brilhos e reações do amor que movimentam os eixos magnéticos sempre em direção ao coração do Pai passa a alimentar uma força contrária que os afastam da luz e os dirigem para a escuridão profunda? Por que estranha preferência levam alguns seres às moradas sombrias e geladas deixando para trás os lares cósmicos magníficos de extrema beleza, radiante luminosidade e pulsante de alegria e amor? Por que alguns espíritos deformam suas almas e substituem o amor em seus corações pelos sentimentos de inveja, egoísmo ou cólera?

As respostas a essas perguntas são fáceis e mostram que o espírito, por sua própria decisão, inicia a paralisação de seu eixo magnético, por ele ter a liberdade de escolher os caminhos que quer percorrer no espaço do Uno. No instante em que para de vivenciar o amor e passa a gostar dos sentimentos de inveja, raiva, indiferença e a explorar as sensações grosseiras da matéria e coloca a sua vontade e querer para se distanciar de Seu Amoroso Pai, de seus familiares cósmicos e da magnanimidade do amor eterno, ele aciona o determinismo voluntário.

O direito e o mérito oferecidos pelo Pai para as escolhas corretas no verdadeiro caminho do amor transformam-se em circunstâncias penosas de dores intensas para o espírito. Em um processo lento, porém, disciplinado, que o dirige para as estrelas geladas, entra em ação as leis universais, quando o amor magnânimo do Pai e das Mentes Sublimes o submete à reeducação e à reabilitação dos sentimentos e restringe sua liberdade, perante a Lei da Unidade Cósmica Universal, nos ambientes especialmente preparados para isso.

O amor infinito do Pai Infinito reflete em luzes no Grande Universo pigmentando as escolhas dos corações alegres ou tristes para as reações necessárias às grandes iluminações da alma.

Apesar das advertências dos Mestres do Amor e dos pais cósmicos, pelo próprio querer o ser decide vivenciar os mundos inferiores e as sintonias ilusórias. Ao deixar de pulsar no amor, seu coração torna-se triste e aos poucos vai perdendo a alegria, a fé e a certeza na grandiosidade das conexões sublimes, substituindo-as pelas conexões sombrias e de baixa densidade magnética.

O espírito esquece as sólidas amizades entre irmãos universais, a construção grandiosa do amor eterno e a família cósmica, virando as costas aos pais, irmãos, esposo (a), netos, etc. Ele ainda troca a segurança, a proteção psíquica e emocional pelas incertezas, dores, vivências na animalidade e passa a integrar os exércitos que promovem injustiças, discórdias, desconfianças, guerras, divisões sociais, etc. O psiquismo torna-se glorificado pela intelectualidade e o coração, envolto pelas sombras.

Em casos de situações como essas no lar universal criado pelo Grande Amor do Magnetismo do Um, locais específicos, também criados pelo Ser Uno, buscam abrigar os espíritos transviados da luz. Esses novos lares são educandários específicos ou moradas adequadas às suas frequências vibratórias e necessidades específicas de aprendizados, os quais oferecem aos seres que optaram por se distanciarem das conexões e vivências no amor absoluto, incondicional e eterno, as oportunidades de esquecerem as sintonias maléficas, realizarem a desconexão do eixo com as baixas densidades magnéticas e fazê-los girar novamente em direção ao coração do Pai, ao eterno e ao infinito.

O magnetismo envoltório presente nas luzes que transbordam o Universo envolve essas moradas tristes, para revigorar as consciências que se tornaram embrutecidas pela ignorância e determinismo primário. Nos campos magnéticos desses mundos, a exemplo, da Terra, as energias vibracionais circulam em velocidades espiraladas em altíssimas frequências fazendo com que os seres, ainda utilizando suas escolhas livres, continuem a degradar a estrutura complexa e sutil que envolve o átomo-espírito — a partícula sublime criada pelo Pai —, se lembrem das sensações sublimes dos berçários ao receberem essas energias primordiais voltem a adquirir consciência de quem são.

O amor profundo da Lei Universal dirigido pelo Pai e Mentes Sublimes sempre em movimento e outras forças grandiosas que atuam nas diferentes dimensões das moradas tristes, as reações vibracionais das energias nucleares e os feixes de luzes-cores que irradiam partículas ímãs construídas na energia envoltória e magnética dos psiquismos sublimes, buscam, também, asserenar as mentes e corações em conflitos e angústias, relembrando incessantemente a todos que o espírito cósmico e eterno foi criado para pulsar e vibrar no Magnetismo Absoluto.

****

Exercício nº 1: Sentir o pulsar da Unidade Cósmica

Para compreendermos a grandiosidade do amor do Pai e redescobrir quem somos é importante sentir a leveza e os raios de amor que circulam no Universo para vivenciar o magnetismo existente em tudo, sentindo cada energia vibrar e os reflexos desse amor presentes no Sol e na Lua, que também envolvem a Terra e seus habitantes, recomendamos o seguinte exercício: busque um local calmo e tranquilo, coloque os pés descalços na grama, sinta a natureza e a brisa suave passando por você e olhe o espaço infinito. Contemple por alguns momentos esse espaço, a natureza nele presente, sinta os raios de Sol que envolvem, magneticamente, seres vivos e minerais. Procure lembrar-se de seus familiares cósmicos ou dos Mestres de Amor que o auxilia.

No início ou durante o exercício pode surgir impaciência, insensibilidade e o sentimento de 'perda de tempo', mas a persistência e a determinação em manter uma rotina de sensibilização dos sentidos, terá como recompensa o fortalecimento de conexão com os dois mundos e o significado real da natureza. Com disciplina e vontade, voltaremos a sentir a grandiosidade das explosões de amor em nossos corações que circulam no Universo, partem dos Mestres do Amor e a continuidade da Mente Suprema que irradia a Grande Luz!

2

Tudo é sentir, pensar e agir?

O pulsar das energias tridimensionais sublimes no espírito, o mantem uno nas linhas retilíneas do Universo e na profundidade do coração do Pai.

Pulsações das energias tridimensionais

A grande luminosidade do coração do Universo resulta da pulsação existente entre o tempo e o espaço, que é impulsionada pela energia tridimensional. Esta, por sua vez, é composta pela junção das energias: primordial, envoltória e magnética, cujo mecanismo irradiante denomina-se Magnetismo Primordial do Pai. Este magnetismo específico, envoltório e vibrante também circula em giros circulares de 360º, em altíssima velocidade e potência ao redor do ímã envolvente do Pai.

Aos giros, também, anexam-se impulsos de outro conjunto tridimensional constituído pelas energias do sentir, pensar e agir. Os dois conjuntos tridimensionais, em movimentos contínuos e infinitos, formam o Eixo Tríplice Magnético do Pai e passam pelos dois pontos principais desse eixo: o coração e a mente. A circulação constante das energias tridimensionais, entre esses dois campos, fazem as junções de partículas atômicas específicas, cujas explosões luminosas transformam tudo no Universo em sentimentos, pensamentos e ações, em processos atômicos nos eixos magnéticos que se repetem em indivíduos e coletividades, desde a mais alta Hierarquia Sublime, até os espíritos em evolução.

Observamos nessa sequência e movimentos infinitos que o pulsar das energias tridimensionais se une a outras energias e está presente em todas as dimensões e nos sistemas celulares do Universo. Os dois mecanismos de energias tridimensionais que são criadas pelo Pai e alimentam Seu próprio Eixo Magnético, em processo similar se estende ao espírito, exceto para a junção tridimensional do Magnetismo Primordial.

Os pigmentos deste magnetismo são recebidos pelo espírito que não é capaz de criá-lo, por ser atribuição exclusiva do Supremo Criador. O espírito apenas o transforma nas junções do mecanismo do amor incondicional, conforme a quantidade transferida precisa e programada que parte dos Eixos do Pai e da Hierarquia Sublime. A essência e unidade do Pai e seus atributos sublimes nos revelam que este é imaterial e imutável por seu eixo repousar sobre as construções universais, enquanto a essência do espírito, apesar deste ser eterno e infinito como seu Criador, está sujeita às transformações da matéria e, somente se torna uno ao alinhar seu eixo ao do Pai.

No ponto de partida da existência espírito, em seu eixo magnético é depositado pela Providência Divina no átomo espírito, o conjunto tridimensional de energias, quando se verificam as reações energéticas do pulsar, vibrar e atrair e, ainda, as do sentir, pensar e agir. As consequentes explosões de ondas e sons, geram os campos magnéticos do eixo — coração/sentir/sentimentos e psiquismo/pensar/mente —, cujos movimentos são dirigidos por sua vontade e liberdade de escolha.

A sabedoria das leis divinas nos revela que o Pai, por ser infinitamente bom e justo, permite que o espírito, em igualdade absoluta na unidade cósmica, construa seu próprio sentimento e pensamento, fortalecendo o seu agir e o seu caminhar, de acordo com sua determinação, decisão e escolha, que o leva a se movimentar no berçário e depois entre as estrelas-moradas do Universo Infinito e a realizar as conexões eternas do amor incondicional.

No circuito do amor, depende de cada um, pulsar e vibrar, sentir, pensar e agir no Grande Magnetismo do Pai.

Incessantemente, aos nossos corações e psiquismos, expressões diversas são colocadas pelas Mentes Sublimes à humanidade da Terra para reflexões, entre elas, a de que o espírito é criado pelo Pai 'simples e ignorante' e é o princípio espiritual e inteligente do Universo. Analisando a infinitude perfeita do Pai, nos certificamos que essa simplicidade e a inexperiência do viver e saber cósmico são apenas construções filosóficas para nos relembrar que pertencemos ao Universo esplendoroso e, por isso, a necessidade da disciplina e do retorno ao hábito das reflexões sobre quem somos.

Sabemos quão complexo e sublime é um espírito, desde o seu planejamento até a sua criação, quando tem início as explosões envoltório-magnética e primordial, para que ele comece a impulsionar por si sua trajetória eterna e infinita. Sem o conhecimento da natureza cósmica que o envolve e da complexidade do espírito, pouco compreendida pelos seres que escolheram o exílio em estrelas frias, aos poucos vamos relembrando que cada pensamento e sentimento ganham formas e frequências derivadas de suas próprias ações e reações. Estas são respostas aos eventos internos e externos que envolvem o espírito e formatam sua bagagem de vivências e experiências, quando ainda se encontra no conforto do Magnetismo Absoluto, no berçário nebular.

Todos os mecanismos de sensações, percepções, emoções e reflexões que surgem ou tocam seu campo magnético sutil, sensibilizando o eixo magnético, em razão de estudos, aprendizados e experiências e com ele interage resulta em explosões atômicas de causas e efeitos e ações e reações, que são assimilados e incorporados de modo cumulativo em suas vivências. Os efeitos dessas causas, as reações às ações do agir partem do interior para o exterior do indivíduo e revelam a qualidade dos sentimentos e pensamentos, em suas atitudes e comportamentos em qualquer local do Universo.

Observamos nessa sequência ininterrupta de sentir, pensar e agir, de altíssima sensibilidade que os dois conjuntos tridimensionais de energias se combinam em velocidades inimagináveis com o auxílio da energia do tempo, em programações específicas, para propiciar ao espírito seguir os caminhos do amor. E este sempre permanecerá imerso na grande luminosidade do coração do Grande Universo, imerso nas partículas de luzes-cores, se ele assim o desejar.

Pela benevolência e impulsos magnânimos do Pai, que é todo sabedoria e justiça, nada produzindo de mau ou de qualidade duvidosa, o espírito humano individualizado caminha em atendimento às suas necessidades básicas de progresso. E, ele o faz como parte de um todo, ou seja, de uma grande família, cujas energias tridimensionais circulam igualmente entre todos os indivíduos da coletividade onde se encontra.

O resultado interativo dessas energias, de modo semelhante se irradiam no espaço universal, à semelhança de feixes de luzes-cores que se projetam do Eixo Magnético do Pai e das Mentes Sublimes, seguindo a Lei do Um, isto é, explosões atômicas de ações e reações ou causas e efeitos, permitindo que todos acompanhem as escolhas e os progressos de cada espírito e sua respectiva família cósmica.

Analisando esse extraordinário paradigma de transparência, podemos afirmar positivamente que entre o tempo e o espaço, tudo no ser humano é sentir e pensar gerando ações que resultam em reações e reações que criam outras ações, no eterno ciclo do caminhar das almas no lar cósmico. Desse modo, ao compreendermos que os eventos que se sucedem em cada ser não é obra do acaso, devemos considerar que esses conceitos apontam a reflexões mais profundas.

Ao estendermos nossos olhares à estrutura imutável do infinito, verificamos claramente que o sentir, o pensar e o agir se tratam de ações e explosões universais nos eixos magnéticos, cujas vibrações e pulsações impulsionam o Universo e os espíritos. Na sequência da ordem de sustentação do Magnetismo Primordial para com a harmonia do Universo, no ciclo eterno e infinito das conexões de sentimentos e pensamentos temos, inicialmente, o Pai que libera as partículas do amor, as Mentes Sublimes que expressam e impulsionam os mecanismos desenvolvidos pelo Pai e as obras de suas criações, chegando ao próprio espírito que também segue esse procedimento retilíneo, de acordo com suas decisões, vontade e sentir.

O sentir e o pensar no âmbito da Terra

Na imutabilidade cósmica, nos certificamos que o sentir e o pensar irradiam do coração e psiquismo do ser, na frequência, ordem e harmonia do Universo, segundo a Lei do Um. Com isso em mente e o olhar simples, mas não simplório, para com os conceitos e as verdades renovadas, tendo a necessidade premente de ampliar a compreensão do sentir, pensar e agir no espírito humano para que este possa voltar a reagir às pulsações e vibrações do Universo, perguntamos:

Por que no âmbito da Terra, o espírito que partiu do ponto mais radiante e vibrante do Universo, não é capaz de compreender e aplicar a magnitude grandiosa do sentir e do pensar?

Por que se tornou tão difícil entender o sentir, as emoções e o sentimento, assim como, o pensar, a mente e o psiquismo, enquanto, exilados ou deportados compulsoriamente para esta morada?

Se o sentir e o pensar foram construídos com as partículas energéticas mais vibrantes e pulsantes que existem no Cosmo e estes levam a conexões e a reações energéticas entre o tempo e o espaço, eles podem ser mensuráveis?

Quais são os mecanismos que geram o desdobrar do magnetismo sublime ou o inferior no complexo sutil do espírito?

Em resposta a essas perguntas, observamos que em qualquer morada, especialmente nas estrelas frias, o ser humano por ser uma unidade indivisível e uma entidade espiritual energética de composição envoltório-magnética de altíssima potência vibracional e pulsante, precisa compreender sua origem, formação e atuação no Universo. Todavia, no âmbito desta estrela, se continuar restrito às informações que veiculam nas religiões, filosofia e ciência, que olham de modo misterioso ou negam a existência do mundo real, ou ainda, tratam com distorções profundas a imortalidade da alma o espírito não será capaz de enxergar além do mundo ilusório.

Ao lhe ser concedido o livre-arbítrio e a vontade em se tornar responsável pelo seu próprio destino, caminhar e liberdade, é preciso resgatar as reflexões e percepções que são mecanismos facilitadores para sentir e pensar sobre a profundidade do Universo, a sensibilidade e o desenvolvimento de seu próprio espírito. Para isso, quando o ser humano interrogar o porquê da angústia, da aflição, da dor e das enfermidades, ele precisa encontrar resposta na profundidade de sua alma para dar início à reabilitação da magnitude grandiosa do sentir e pensar que reside na base de sua condição de espírito e estão completamente esquecidos.

O sentir, o pensar, as emoções, a mente, a consciência e o psiquismo são energias vivas que quanto mais receptivas se tornam à energia tridimensional do

Magnetismo Absoluto, mais inclinam o espírito à liberdade. Todavia, se ocorrer o contrário, quanto mais distantes deste Magnetismo, mais a alma fica na escuridão de si própria e distante da luminosidade do coração do Pai.

As reações energéticas vibrarão com a vontade e o sentir em velocidade própria, na obtenção do amor, quando o espírito dirigir seu coração ao coração do Pai.

Por nada ficar estagnado no Cosmo, o momento pelo qual passa a humanidade na Terra, requer reflexões profundas sobre os parâmetros de funcionamento do eixo magnético, cujas energias magnéticas e envoltórias refletem as atrações e as sintonias estabelecidas em milênios de caminhadas em sentido contrário ao Grande Magnetismo. A grande importância desse momento, também reside no fato de que programações que impulsionam mais rapidamente o progresso e a evolução de estruturas e seres, conhecida como transição planetária, acontecem de tempos em tempos no espaço cósmico e envolvem todas as estrelas-moradas.

Todo esse mecanismo é compreendido pelos estudos oferecidos no âmbito da Grande Filosofia Cosmológica, os quais são amplamente aceitos pelos seres sublimes, mas não pelos seres nas estrelas frias. Todo o Universo se preparou com alegria para as transformações e renovações, de todo o sistema cósmico para o término de um ciclo e iniciou de outros progressos, exceto os seres nas estrelas frias. Isso quer dizer que os habitantes da Terra, em consonância com o Universo, há mais dois milênios vêm sendo preparados para o desfecho final destas transformações, mas o vêm, sistematicamente, rejeitando para se manterem na escuridão.

Os seres aqui exilados, ao receberem educação aprimorada para resgatar o sentir e o pensar do magnetismo sublime, e resistirem às renovações, rebelando contra as leis e forças da natureza una, sentirão os efeitos das dores alucinantes, da solidão e dos vazios perturbadores, em razão de seus sistemas atômicos estarem desalinhados ao Ímã Envolvente do Pai e a Lei do Amor.

Provocações de forças e pressões opostas realizadas entre a energia magnética sublime em relação à energia magnética inferior determina que todos os seres que não se ligarem ao coração do Pai produzam ações e reações com a mesma intensidade, mas em sentidos opostos. De modo simbólico, podemos comparar as ações e reações das forças atuantes nos seres exilados de uma estrela fria com a terceira lei de Newton, da física, conhecida como Lei da ação e reação.

Somente o conhecimento e os estudos reagentes filosóficos sobre quem é o espírito cósmico serão capazes de auxiliar as almas na Terra, que devem deixar de ver as dores como 'normalidade', mas sim como exceção à regra. E, para que esta compreensão e assimilação se tornem plenas, precisamos refletir sobre as palavras do

Consolador e da Hierarquia Sublime que nos diz que o amor ilumina a todos na escuridão.

Verificamos que não se trata de palavras aleatórias e de retóricas vazias à exemplo da literatura terrena. Trata-se de uma lei do Universo, cuja cientificidade incontestável nos revela que o espírito é formado por partículas de amor e se seu eixo magnético não for irrigado por essas partículas, ele ficará na escuridão e nas dores; somente poderá sair destas condições reabsorvendo e sentindo verdadeiramente as partículas de amor incondicional.

O ser humano preso às condições e conceitos impostos pelas deturpações acadêmicas, à exemplo do que ocorre na psicologia e psiquiatria, tudo analisa a partir de respostas desencadeadas pela mente, cérebro e sintomas do corpo físico. Infelizmente, na complexidade do espírito, este é apenas o último veículo de materialização na Terra e as ilusões obstruem a verdade e distorcem a realidade. As outras estruturas sutis continuam vivas e realizando explosões e reações no ambiente onde o espírito entrou em sintonia e conectou sua frequência vibratória.

No campo magnético do eixo que se liga ao coração, as emoções não podem ser vistas como respostas motoras aos agentes externos que fazem o cérebro reagir de modo mecânico e automático, acionando o sistema nervoso que influencia e é influenciado pelo sistema límbico e provoca alterações neurobiológicas. Assim como, o sentimento não é resultado de acúmulo de experiências emocionais do decorrer de um período curto de uma vida.

O fato de não se compreender o porquê de um sentimento surgir e criar amplitude na intimidade oculta da alma e se apresentar como bom e 'positivo' ou mal e 'negativo' em determinadas situações, dificulta a compreensão do ser humano para o que seja o sentir, impedindo-o de perceber que todos os movimentos são dirigidos pelas partículas energéticas tridimensionais.

De modo semelhante, o campo magnético do psiquismo, onde circula a energia do pensar, o pensamento e está localizada a mente, também se tornam processos mentais dissociados dentro da perspectiva da unidade espiritual, que é o ser humano. Os acadêmicos desconsideram que a mente, em qualquer local no Cosmo onde o espírito se encontra, é um campo magnético poderoso, cujo pensamento e psiquismo, resultados da movimentação do pensar, projetam raios de forças às distâncias incomensuráveis e, assim, como os raios do sentir, estes podem ser mensuráveis, por nada circular no Universo ao acaso ou de qualquer modo.

As percepções, imaginações, pensamentos e formas-pensamentos são, portanto, energias em movimento, cujos feixes mentais conectam a todos os outros psiquismos no Universo, sendo que um influencia o outro, de acordo com o livre-arbítrio e a vontade dos espíritos.

Reações tridimensionais nos seres sublimes

Ao nos certificarmos das luzes do amor incondicional em todo o Cosmo, onde o magnetismo vibra em todas as transformações, entre o tempo e o espaço perguntamos: existem diferenças significativas entre os sentimentos e pensamentos dos seres sublimes e os que escolheram a escuridão do exílio nas estrelas frias? Como são as reações magnéticas do sentir, pensar e agir nos seres sublimes? Será possível mensurar a frequência vibratória dos seres que pulsam e vibram no Magnetismo Absoluto e irradiam para o Universo os sentimentos e as conexões psíquicas do amor incondicional?

As respostas a essas reflexões são: sim; existem muitas diferenças no magnetismo envoltório desenvolvido pelos seres de acordo com direcionamento dado às energias do sentir, pensar e agir. Quanto mais elevada é a energia tridimensional que movimenta o eixo magnético do espírito, mais rápidas e deslumbrantes são as explosões e reações atômicas observadas, responsáveis por impulsionarem o eixo magnético. O espírito, ainda no berçário, e depois de encontrar seu amor eterno e célula familiar, com o auxílio das energias tridimensionais que irradiam do Pai e Mentes Sublimes, inicia o movimento de seu eixo magnético pela sua própria vontade.

Nos passos iniciais, os círculos envoltórios da energia tridimensional o impulsionam a perceber e sentir outras energias presentes no berçário, de modo a dar sequência à programação de atividades que o levará a caminhar no Cosmo. Em razão das explosões dos átomos nas junções de energias e transformações que se sucedem no ímã envolvente de forma constante e retilínea, ele começa a atrair, perceber, selecionar e assimilar os pulsantes e vibrantes eventos que o circundam, agregando, em todas as circunstâncias e oportunidades, as partículas do amor.

Embora o espírito seja resultante da agregação de sistemas atômicos originários dos brilhos do coração do Pai e as partículas tridimensionais estarem presentes nas junções de outras energias, por se tratar de uma lei universal e de acordo com a vontade do espírito, a atração de mais partículas do amor inseridas nos aprendizados e experiências, somente o levará mais rapidamente às dimensões venturosas da alegria e felicidade plena, se trabalhar disciplinadamente para isso.

Neste trabalho estão os exercícios do querer e da liberdade de escolher entre percepções e emoções que lhe agradam. Quanto mais reações energéticas ocorrerem em frequências elevadas com o sentir e o pensar pulsando no amor, maior será seu progresso e conquista, aumentando, na mesma proporção, a frequência de vibração e pulsação de seu eixo magnético.

Desse modo, quanto mais partículas de amor o eixo magnético absorver, vibrar e pulsar, entre as energias sublimes, mais atuante e de grande magnitude será seu papel de espírito cocriador do Pai. Sob esse prisma, ele jamais permanece inerte nas dimensões venturosas como se fosse um parasita a se alimentar dos brilhos sublimes do coração do Pai.

Assim ocorre desde o início, se os espíritos, ao deixarem o berçário seguirem as programações e as precisões das organizações filosóficas cosmológicas determinadas pelas Mentes Sublimes e pais cósmicos. O caminhar retilíneo no Cosmo o levará mais rapidamente a entender os princípios e leis da Unidade Cósmica Universal, cujas reações atômicas no eixo contribuem, igualmente, para o encontro da liberdade incondicional, de modo mais rápido.

No ciclo eterno e infinito do saber único, trabalhos e conexões, seu ímã envolvente atrairá sempre partículas que ordenam o equilíbrio do eixo fazendo com que seus sentimentos e pensamentos percorram distâncias enormes e em velocidades incapazes de serem calculadas pelos acadêmicos. Onde estiverem as energias sublimes do sentir e pensar, aí estará a alma projetando sua luminosidade e brilhos. Esse espírito que assim atua no Cosmo é denominado de alma radiante, espírito puro, espírito superior ou ser de luz.

O coração ao pulsar na frequência do amor incondicional e do Universo compreende a essência do caminho do Pai.

O conjunto desses espíritos formam as hierarquias conhecidas como Arcanjos, Cristos, Logos, Mestres

Universais, Mestres da Umbanda e outros. A linha evolutiva dos Arcanjos é uma das mais sublimes e segue em paralelo à grande sublimidade do Universo. Alma radiante é, portanto, um espírito constituído de partículas atômicas vibracionais e pulsantes, capaz de projetar suas partículas de luz a longas distâncias, atravessar qualquer tipo de matéria, assim como o de reorganizar os sistemas atômicos existentes no Universo. Suas capacidades de interpretarem o Pensamento e a Vontade do Pai contam com o auxílio da energia do tempo e de cálculos precisos, por serem hábeis construtores.

No âmbito das estratificações presentes nos grupos das almas radiantes, que vão desde os Arcanjos até os níveis dos habitantes de Vênus, por exemplo, verificamos que o que há em comum entre elas é o fato do caminhar destas ser retilíneo e alinhado ao coração do Pai. Ao passarem pelos aprendizados e experiências programadas pela Hierarquia Sublime sempre utilizam da liberdade de escolha e vontade para buscar e assimilar a ética e a nobreza de conduta, visando o aperfeiçoamento do sentir, pensar e agir, em todas as oportunidades concedidas.

As ações e reações geradas em qualquer etapa dos aprendizados não provocam causas e efeitos na inferioridade do sentir, e se, em algum momento, desviaram um pouco da trajetória do bem e da luz, sem provocar danos a outrem, a não ser em si próprios, ao perceberem o engano voltam-se rapidamente a reconstituir o caminhar no magnetismo do amor incondicional. Em virtude de o magnetismo incondicional ter sido assimilado desde o início de sua trajetória, seu caminhar será sempre realizado com alegria, esperança e vontade que são sentimentos que refrigeram a alma, impedindo que partículas de sentimentos inferiores acumulem nos pontos envoltório-magnéticos de energias presentes no eixo magnético.

Os sentimentos que as almas radiantes sentem e refletem são muito diferentes do que sentimos na Terra, por tudo levar a transformações rápidas e conscientes, a exemplo da alegria, da esperança e da vontade. No ambiente terreno, os conceitos superficiais destas palavras nos mostram que alegria é tida como um estado de satisfação extrema provocado por algo ou alguém que proporcionou grande contentamento de acordo com nossos desejos egoísticos ou sublimes; a esperança é um sentimento que indica a realização daquilo que se deseja, seja bom ou não para o progresso do espírito e a vontade é tida como uma força interior que impulsiona o indivíduo a realizar algo, a atingir seus desejos com determinação, firmeza, podendo ser nobre ou indigno.

Qual seria o papel da vontade no mecanismo da transformação de uma alma? A alma radiante, ao se defrontar com as oportunidades, aciona a força da vontade do amor incondicional e esta dá início a execução e a transformação, como por exemplo, a vontade do amanhecer, do crescer, do saber, da libertação. O ímã constante e vibrante nas escolhas que agregam as virtudes faz com que cada espírito, com sua própria disciplina, vontade e amor como principais mecanismos para a transformação e o progresso, torne seu coração conectado às extraordinárias construções do Grande Universo.

Dessa maneira, a persistência na vontade e no aproveitamento das oportunidades oferecidas faz reagir a alma, em consequência, ao sentimento vibrante da alegria. A alegria, por ser uma proporção que o Pai oferece com a energia irradiada de seu coração, desdobra-se em diversos fatores: dá a certeza ao espírito de ser uma partícula criada pelo Pai, de estar percorrendo os caminhos retilíneos sublimes, de existir um amor eterno ao seu lado que faz pulsar seu coração, de refletir os brilhos do amor em outros seres ao buscar irmãos em necessidade para o auxílio constante, de ter a família cósmica sempre a seu lado, de encontrar o equilíbrio necessário nos conceitos do Grande Sistema Cosmológico Universal.

Essa sequência de fatores e certezas em todo o mecanismo do progresso enaltecido pela alegria e associado às escolhas de cada um sendo mantidas pela própria vontade, resulta que o grande eixo magnético do ser se movimente em giros de sequências, pulsações e vibrações, permanentemente ligadas, ao Eixo do Absoluto, fazem surgir outro sentimento sublime, a esperança. Esse sentimento é complexo, profundamente sonoro e irradia do coração do Nosso Pai, alcançando em ondas de energias envoltório-magnéticas sutilíssimas, aqueles que optaram pela sublimidade.

Por ser um sentimento virtuoso que impulsiona, enobrece e conecta alma ao Magnetismo Absoluto, leva diretamente às escolhas concretas sublimadas demonstrando ser um sentimento de construção e elevação da energia tridimensional no ímã envolvente.

Desse modo, nos certificamos que nos giros do Universo e no eixo magnético alimentado por partículas vibracionais de toda a Unidade Universal, a esperança provoca explosões que iluminam a alma, fazendo-a reagir e vibrar formatando seu coração na grandiosidade do sentir, pensar e agir.

À medida que o espírito passa pelas experiências alinhadas à Lei Universal e vai construindo seu psiquismo, as emoções e os sentimentos que surgem das explosões e reações provocadas pela esperança, ele adquire a certeza do conhecimento único e da sabedoria contida no circuito cósmico sublime. No instante que a natureza da alma reage ao conhecimento único e a compreensão do infinito, o espírito agradece, em todos os momentos, ao Pai e às conexões que permitem as construções do sentimento único do amor e da liberdade incondicional. A esperança é o próprio ser com a certeza do brilho de seu coração, em direção retilínea ao coração do Pai.

Observamos que dentro das leis plenas de sabedoria e, independente da posição hierárquica, as almas radiantes apresentam psiquismos e corações de vibrações contínuas que refletem em todos os complexos de entendimento e aprendizados nas áreas mais profundas do saber, tornando os estudos e o conhecimento das verdades eternas intrínsecas à sua condição de luminosidade e sabedoria. O sentir e o pensar, em perfeita comunhão com o amor absoluto do Pai, apresentam no agir, o alcance e o bem-estar das coletividades de espíritos da família universal, do amor eterno, a linguagem nobre e os trabalhos voltados para a harmonia cósmica. Esse mecanismo tridimensional de bem viver será sempre alinhado ao desenvolvimento absoluto da ordem do Universo, conforme determinado pelo Pai.

Ímã envolvente atraindo o desamor

Entre o tempo e o espaço, alguns espíritos ao contrário das almas radiantes, ainda no berçário ou durante o caminhar no Cosmo, imersos nas reações e explosões das partículas regentes e reagentes da energia envoltório-magnética que dá estabilidade a sua constituição sublime, contrariam essas forças, reações e estabilidades, como também as programações que o envolvem e o impulsionam nas diferentes dimensões universais. Eles decidem pelo próprio querer e liberdade de escolher, transformar o sentir, o pensar e o agir em sequências de atividades no magnetismo inferior, seguir outras programações, vivenciar oportunidades escusas e estabelecer para si novos critérios de conduta e conexões psíquicas distantes do Magnetismo Absoluto.

Eles formam um conjunto de seres que ao aceitar espontaneamente energias inferiores no eixo magnético, decidem alienar o próprio coração à sublimidade maior e termina por se desvincular psiquicamente do Grande Universo e do coração do Pai, cujo processo é denominado pelas Mentes Sublimes, no âmbito da Grande Filosofia Cosmológica Universal, de hipnose ou estagnação psíquica. Diferentemente, do que se entende por hipnose entre os acadêmicos, que a considera um estado semelhante ao sono provocado por agentes externos, nesse caso é o espírito por sua própria deliberação interna, escolha e decisão que o coloca em estado hipnótico perante a magnanimidade do Um e suas leis universais, desequilibrando e estagnando o eixo magnético.

Na Unidade Cósmica Universal, os caminhos do Pai não oferecem a possiblidade de programações e aprendizados serem feitos a partir da seleção entre o estado hipnótico ou o desperto, a luz ou a treva, o amor ou o desamor, a unidade cósmica ou a diversidade subterrânea. No desenvolvimento absoluto da ordem universal só há um caminho a ser percorrido por todos os espíritos, o do amor. Se porventura o espírito escolhe agir em sentido contrário a essa ordem e em desarmonia às energias tridimensionais do Magnetismo Primordial, ele interrompe a precisão programada de seu progresso equilibrado e contínuo, no tempo e no espaço e, ao seguir a escuridão do desamor, passa a apresentar imperfeições e estagnações em seu eixo magnético.

A ordem do Universo sempre existirá em todas as vias celestiais e em todos os sistemas reconduzindo os seres escravizados pelas ilusões ao caminho nobre do amor.

Essas imperfeições, à medida que o distanciam de seu amor eterno, da célula familiar, da família cósmica e dos estudos envolventes dos princípios e leis universais, o faz colher os frutos amargos resultantes das plantações ou escolhas feitas. Ao invés de amor ele passa a irradiar a treva que assolou seu sentir, pensar e agir, pois em tudo ele reflete sua inferioridade. Tanto os pais, como as Mentes Sublimes e o amor eterno o avisam das consequências funestas e tristes desta escolha. Muitos retornam aos caminhos do amor, mas uma proporção de 3% de espíritos no Universo prefere prosseguir nos caminhos sombrios da escuridão e da dor.

A família cósmica e a universal choram quando o espírito toma essa decisão, mas não o abandonam e caminham juntos aos seres que, simbolicamente, passam a ser conhecidos como 'joio', para resgatá-los da escuridão. As ferramentas concedidas pelo Pai — a vontade e a liberdade de escolher —, que é para serem utilizadas de acordo com os objetivos traçados pela Hierarquia Sublime e seus pais cósmicos, ao ganharem usos e atribuições contrárias e em discordância com as leis, princípios e forças do Absoluto e da fraternidade universal, começam a interferir nos giros, reações e explosões do eixo magnético e terminam por conduzir o espírito aos vales das sombras, dos gritos, dos prantos e do ranger de dentes.

Os circuitos envoltórios que antes direcionavam as energias tridimensionais do sentir, pensar e agir para a criação de sentimentos e pensamentos nobres, ao receberem energias deterioradas e frente à mudança das decisões vibratórias passam a contribuir para o surgimento do magnetismo degradado. O ímã envolvente por ser um potente dínamo, pelo comando do próprio espírito, passa a atrair assim como, também desenvolver em proporções cada vez maiores, diversas partículas do magnetismo degradado. Internamente, esse magnetismo, passa a atuar como veneno ou substância corrosiva que desintegra os sistemas celulares do eixo e dos corpos, cujas energias inferiores terminam por atingir todo o complexo sutil do espírito.

A malha que interliga os tecidos atômicos e formam os sistemas celulares dos corpos por ser constituída com a precisão das partículas mais sublimes que existe: a do amor e, ser altamente vibrátil em razão dos conjuntos tridimensionais energéticos que a acionam e nutrem o eixo magnético, torna-se extremamente sensível aos ataques químicos dessas substâncias, em razão do processo ser coordenado pelo querer e sentir do espírito. É a sua individualização escolha tentando impor o modo de caminhar no Cosmo, estabelecendo seu próprio e ilusório progresso evolutivo, distante do coração do Pai.

O mecanismo central do eixo é sequestrado pelo espírito para a inferioridade do sentir, interferindo diretamente em seus giros e construções de energias, cujo processo, simbolicamente, pode ser visto como autossabotagem evolutiva. Se antes do sequestro, as energias circulavam velozmente em 360º, alimentando o coração e a mente em igualdade de proporções energéticas, com o desenvolvimento da inferioridade do sentir e o desequilíbrio do psiquismo, o eixo vai, aos poucos, diminuindo os giros das energias sublimes e impulsionadoras do progresso.

Em consequência, o processo de autossabotagem induz as energias mentais ao desenvolvimento desequilibrado do ego, ressaltando a intelectualidade e a razão como mecanismos principais de evolução. O psiquismo e o intelecto sem o pulsar do amor do Pai degeneram a mente e esta, ao diminuir seu ritmo, vai, aos poucos, paralisando o sentir e passa a criar realidades irreais, distorcidas e ilusórias, submetendo-se às reações dos sentimentos subterrâneos.

A energia do sentir degenerada, também se movimenta para criar o sentimento de indiferença, que é a falta de amor e do egoísmo ou a paixão por si próprio. Outros sentimentos surgem e passam a serem cultivados pelo ego intelectualizado e indiferente, como: melindre, orgulho, vaidade, inveja, rancor, ira, hostilidade, impaciência, vazio, tristeza, desonestidade, falsidade, incoerência, medo, vingança, hipocrisia, vitimismo, crueldade, e outros.

Essas almas que se tornam petrificadas na rebelião, indiferença e indisciplina refletem a inferioridade do sentir, pensar e agir em suas moradas e familiares cósmicos causando grandes perturbações. À medida que se tornam incompatíveis com seus familiares são levados às coletividades com as quais se assemelham, as quais são conhecidas no mundo espiritual como seres impuros, pseudossábios, levianos, satânicos, demoníacos, etc., de acordo com as conexões psíquicas estabelecidas entre os pares e frequências vibratórias desenvolvidas. O paralisar do eixo magnético, muitas vezes, mantem o espírito por milênios nessa condição e vai depender exclusivamente dele sair desta.

As coletividades de indivíduos formadas pelos Arcanjos e reunidas nas estrelas frias e tristes ou mundos inferiores, cujos indivíduos originários de milhares de estrelas do Cosmo, em diferentes estágios de degradação psíquica, denominam-se irmãos tristes, exilados ou deportados. No mundo real, a degradação do eixo magnético reflete nos corpos sutis, fazendo com o que os aspectos das formas fluídicas de seus corpos se assemelham às descrições dos filmes de terror e ficção científica, a exemplo dos zumbis e monstros. Suas atitudes e atos acompanham as desfigurações, tornando-se bárbaros, agressivos e gelados.

No mundo físico, em razão das oportunidades dadas presentes nas programações, esses aspectos sinistros ficam encobertos pelos corpos físicos. No âmbito da inteligência restrita que apresentam os seres satânicos, por meio de estudos de manipulação magnética, conseguem se apresentar por algum tempo como seres de belas feições e de grande simpatia, enganando os incautos e desavisados.

A história cósmica da Terra nos revela que desde sua formação até por volta de 2 bilhões de anos atrás e ainda até alguns séculos no futuro, servirá de abrigo e educandário a esses seres. Os indivíduos são agrupados de acordo com as programações elaboradas pelo Pai e

Mentes Sublimes e necessidades individuais de aprendizados formando povos e civilizações. No âmbito terreno, embora estes grupos sejam analisados sob o olhar materialista do mundo das ilusões não condizentes com os fatos e a natureza do mundo real, as características do desalinhamento do eixo magnético submerso no magnetismo inferior revelam-se no comportamento das sociedades, cujos indivíduos irradiam os sentimentos interiores e inferiores.

Analisando de modo simplificado, os reflexos da indiferença ao amor e os resultados do querer indigno associado à percepção do olhar nos dois mundos, físico e real, envolvendo conceitos dos acadêmicos e programações, observamos nas sociedades da Terra, dois tipos de povos:

Povos selvagens: são considerados 'selvagens' ou 'primitivos' pela academia, os povos sem escrita, cujas experiências e tradições são relatadas oralmente e não apresentam técnicas modernas em suas rotinas. Formam sociedades mais simples e sem a atuação de um estado político complexo, muito embora apresentem lideranças e hierarquias. A produção dos meios de existência se faz pelo extrativismo ou de pequenas produções locais para a satisfação de suas necessidades básicas, sem produção de excedentes.

Para a filosofia cósmica, não há seres selvagens, mas programações que agrupam seres em sintonia e frequências semelhantes, cujos espíritos, em condições deterioradas do eixo magnético, os levaram à condição de cansaço psíquico profundo, dores aflitivas na alma, ou ainda, por muitos terem se tornado psicopatas, suicidas compulsórios, antropófagos inveterados, líderes satânicos, assassinos compulsivos, entre outros.

Ao conviverem em paralelo aos 'povos intelectualizados', seus hábitos e tendências causam impactos repulsivos pelas condições primitivas e bárbaras em que vivem nas comunidades, a exemplo, dos homicídios ou abandono de crianças e idosos considerados inúteis; do canibalismo religioso, póstumo ou bélico sociológico; das tribos nômades e seminômades com rituais específicos de alimentação com carne crua e bastante sangue para aumentar a vitalidade; estupros generalizados durante guerrilhas de facções, das tribos que vivem na natureza à semelhança dos animais, e outros;

Povos intelectualizados: são considerados pela academia 'superiores' quando comparados aos 'selvagens'', ao desenvolverem técnicas de escrita envolvendo processos educativos mais elaborados. Estes métodos, por sua vez, abrem campos científicos para a interpretação dos fenômenos naturais com o uso da razão, como também para a melhoria do trabalho, surgindo técnicas simples ou avançadas para facilitarem a rotina diária, os modos de produção e as diferentes demandas da sociedade.

Todavia, a complexidade psíquica dos seres em uma estrela fria, revelada pela filosofia cósmica mostra que seus hábitos travestidos de intelectualidade elevada e profundo conhecimento das leis físicas, levam os seres a adotarem atos cruéis e desumanos, práticas nefastas, mascaradas de atos bons, fraternos, éticos e civilizados. Em todos os locais onde estão é possível sentir a indiferença ao amor e um ambiente de destruição. Eles expressam suas atitudes como seres fanáticos, ambiciosos, idólatras, inconsequentes, imaturos, infantilizados, viciados, sociopatas, psicopatas, etc., mas revestem-se de roupas finas, boa alimentação e sofisticados meios de existência, onde as 'modernas tecnologias' em tudo facilitam suas locomoções, afazeres e diversões.

Essas sociedades desenvolvem-se intelectualmente e seus membros clamam pela justiça e ordem no mundo físico, especialmente do meio ambiente, mas são incapazes de exterminar a miséria, as dores, a escravidão e o tráfico humano que satisfazem os prazeres mais sórdidos; tentam implementar programas socialistas ou econômicos escondendo a pretensão exclusiva de construir impérios, subjugações de seres e imposições de movimentos bélicos para as conquistas egoístas, fascismos, falsas democracias, ditaduras, etc.; os acadêmicos constroem teorias, leis e conceitos substituíveis, enquanto as ciências, como a humana, por exemplo, constrói suas interpretações e análises pelo jogo insincero e superficial das palavras e, a médica, que tenta sanar as dores humanas circunscrita ao corpo físico; as religiões transitam entre atitudes mercenárias para o acúmulo do ouro e o poder político-social, enquanto promovem dogmas, idolatrias, fanatismos, sofismas, maledicências, sectarismos e preconceitos sociais recheados de agressividade ideológica, afastando os seres do Amor Absoluto, etc.

Infelizmente, nas sociedades da Terra, o espelhar dos sentimentos e pensamentos densos nas categorias dos diversos e diferentes povos, independente da classificação selvagem ou intelectualizada, tem continuidade no seio da família consanguínea. Nesta célula familiar, de importante amparo e auxílio fraterno aos seres em exílio em razão das programações educativas, estão reunidos indivíduos, vindos da mesma estrela ou de estrelas diferentes, que apresentam sentimentos e atitudes similares.

O corpo físico apenas auxilia na materialização do espírito, sem alterar o fluxo de sentimentos que giram em torno do eixo magnético. Programados para o aprendizado em conjunto, cada ser traz em si, as forças do desamor camufladas de amor, posse ou egolatria e faz gerar conflitos, disputas emotivas, intolerâncias, invejas ou o uso de palavras doces carregadas de veneno. Os atritos podem terminar em separações físicas ou distanciamentos emocionais, ou ainda, em crimes hediondos ou passionais.

Nesse esboço de pouca amorosidade onde a alma encarnada e desencarnada, na maioria das vezes, não intenciona a transformação dos sentimentos e pensamentos, as tendências interiores se projetam na sociedade em forma de ódio e intolerância sobre vizinhos, outras famílias, povos, países, políticas, religiões, trabalhos e movimentos sociais.

Vivendo em ambientes onde os seres por vontade e decisões próprias carregam em si as forças da destruição contra o amor incondicional, diariamente são noticiados nos meios de comunicação, guerras e conflitos onde milhares de seres morrem sob os pesados bombardeios, assaltos a mão armada em cidadãos comuns, esquemas fraudulentos de corrupções e subornos, tráfico de drogas ou de seres humanos, ocupações ilegais de propriedades, humilhações coletivas, e outros.

Os seres humanos, em sua grande maioria, ouvem ou assistem indiferentes aos eventos tristes que se sucedem por toda parte, até que alguns desses fatores atingem familiares próximos. As reações de ódio, vingança, inconformidade ou a cobrança por justiça, passam a serem seus lemas porque se tornam incapazes de mudar ou conter as emoções daninhas em seus corações, mantendo círculos viciosos de vinganças, por anos ou milênios incontáveis.

O estado de resistência fria, egocentrismo e indiferença observada nos dois mundos, físico e real, de modo 'normal e natural', mantem as condições de guerras e conflitos entre os seres encarnados e desencarnados, em atividades incansáveis e perversas. A vestimenta do corpo físico oculta a verdadeira vida do espírito, para que ele possa vivenciar os aprendizados do despertar, mas no mundo real mantém a sua frequência vibratória com mais veemência e clareza, onde os seres se mostram sem máscaras.

No dia a dia da Terra, por exemplo, esse estado se apresenta de dois modos: durante o dia quando despertos, os seres na forma fluídica masculina ou feminina, executam as atividades programadas e rotineiras de estudos ou trabalhos, podem aparentar bondade, alegria e consideração fraterna por tudo, ou mesmo, demonstrar claramente seus propósitos vis; durante a noite, ao dormirem e afrouxarem os laços dos corpos sutis com o corpo físico expressam a índole rebelde e perversa, voltam aos locais afins, se apresentando na forma fluídica desejada, dando continuidade aos prazeres e a devassidão, as guerras, aos planos de vingança e as práticas de torturas, estreitando laços de domínios e dominados. Todos os aparatos utilizados pela coletividade para a manutenção dos momentos de ilusão e a satisfação dos desejos pervertidos tem um único objetivo, o de manter a Terra sob o domínio das vibrações inferiores e os seres subjugados às influências psíquicas satânicas.

Muitas situações de rebeldia se mantêm inalteradas, por exemplo, por serem estimuladas por um dos piores sentimentos que circulam na Terra, a inveja. Esse sentimento subterrâneo é uma entre outras causas dolorosas de manutenção do espírito cósmico que leva a ficar preso em condições satânicas. Seus efeitos repercutem por muitos milênios entre indivíduos, povos e famílias, fazendo surgir a luta de um irmão contra o outro, de um povo com outro e, até mesmo, entre estrelas frias. Ainda que esses feitos continuem e reforcem a grande tristeza da escuridão capaz de sufocar o espírito em dores inimagináveis, ainda assim esse sentimento ao ser classificado, em diversos graus de severidade, é considerado pela sociedade como desvio de caráter e não como enfermidade.

Magnetismo inferior do sentir: enfermidades

O complexo delicado e sutil que envolve o Dínamo Espiritual em forma de tecidos, sistemas celulares e corpos é extremamente sensível às partículas densas do sentir, do pensar e do agir geradas pelo ímã envolvente. A junção dessas energias de baixa qualidade vibracional ao redor do ímã provoca a diminuição gradual da energia tridimensional do Magnetismo Primordial até se chegar próximo da quantidade mínima exigida para a movimentação do mecanismo do dínamo, direcionando o espírito para a escuridão e o esquecimento de quem é. Para entendermos os efeitos danosos desse processo e o forte impacto nos corpos sutis dos seres, simbolicamente, podemos compará-los a função do óleo do motor do carro.

Assim como as partículas de altíssima frequência vibratória atuam no eixo magnético para a alta performance do espírito no Cosmo, o óleo de alta qualidade, de cor clara e sem resíduos permite que as peças do motor trabalhem com menor atrito e maior fluidez. Esse tipo de óleo mantém o motor limpo de partículas geradas pela fricção dos metais, garantindo que essas partículas fiquem suspensas e sejam eliminadas, evitando o superaquecimento e também atuando como agente de vedação ao impedir sua saída do sistema e a entrada de sujeira que pode contaminá-lo.

A manutenção do óleo de boa qualidade mantém o sistema do motor funcionando suave e eficientemente, permitindo um bom desempenho do carro. Em processo similar, a movimentação contínua das partículas de amor no eixo magnético, mantém o bom desempenho das programações, colocando os seres nas elevadas condições de amor e fraternidade.

O motor do carro ao circular com óleo que vai se degradando e não é trocado por outro de boa qualidade, tem forte impacto no desempenho do veículo, por este começar a acumular impurezas, tornar-se escuro e sujo, aumentar a viscosidade e dificultar o movimento por dentro das engrenagens, gerar superaquecimento, atritos entre os metais, falhas na partida, ruídos, trepidações ou vibrações anormais, perda de potência, causar mau cheiro e aumentar o consumo de combustível até chegar à paralisação completa do motor e do veículo.

Esse processo simbólico e similar ao das transformações das energias sublimes em densas, ou do sentir, do pensar e do agir com ética e nobreza para o sentir, pensar e agir que degenera e destrói o coração e a mente, aos poucos causa a paralisação do eixo magnético. Enquanto o pulsar sublime do sentir e pensar geram energias e construções celulares dos corpos tornando-os radiantes, belos e leves, os pulsares das energias tridimensionais contrários ao amor atuam na perda de qualidade ou na destruição dos tecidos celulares dando aspectos horrendos e tenebrosos aos seres. Ao atuarem com vigorosa intensidade sobre os pontos envoltório-magnéticos mantêm os seres presos nas estrelas frias onde a vingança, ódio e inveja são alimentos nutritivos do desamor.

A energia sublime existente no psiquismo do Pai e do Universo promove o auxílio direto, a conexão e a sintonia dos corpos sutis envolvendo o ser para entrar em equilíbrio cósmico.

Por se tratar de energias e átomos do sentir e pensar estruturantes e que levam a formação de matéria, as construções celulares originárias com o querer inferior do espírito começam a se aglutinar na configuração desordenada de resíduos sólidos e líquidos nos tecidos sutis dos corpos, cujos efeitos e consequências são conhecidos como enfermidades. Dependendo do tipo do sentimento alimentado pelo espírito, regiões específicas do corpo fragilizadas pelos impactos e forças agressivas das partículas dos sentimentos, que ao serem atraídas para estes locais vão acumulando e sensibilizando-os até a explosão e eliminação do conteúdo degenerado e apodrecido dos tecidos.

De modo geral, não é apenas uma área que é afetada, mas todos os corpos sutis, outros sistemas e órgãos, especialmente, o sistema nervoso, cardiovascular, límbico e digestório. De conformidade com suas obras, querer e desejos do sentir, pensar e agir do espírito, as forças vibratórias agressivas se externam à maneira de gestos tresloucados, surtos, agressões verbais e físicas ou períodos de recolhimento em razão das dores intensas, com mudanças intensas de colorações na pele.

Os ataques de cólera, ciúme ou inveja, podem causar impactos no sistema digestório, cujas enfermidades vão de uma simples gastrite ou a perda da vesícula até os cânceres; a frieza e a dureza do desamor e a falta de compaixão e fraternidade que levaram o coração a se distanciar do psiquismo provocam os quadros patológicos do sistema cardiovascular; as alterações constantes do psiquismo ao direcionar diferentes intensidades de ondas mentais degeneradas, tornam-se responsáveis pelas doenças psíquicas, onde transtornos, fobias, depressão, tristeza e esquizofrenia incapacitam indivíduos impedindo-os de seguirem seus planejamentos de transformação dos sentimentos.

Durante os ciclos renovadores do Universo, comandados pela Hierarquia Sublime, os seres rebeldes nas estrelas frias, ao perceberem as forças do amor atuando para resgatá-los e os direcionarem para o coração do Pai, geralmente, aplicam a força da resistência para a manutenção das conexões psíquicas aviltantes, ficando submetidos às forças cruéis das proliferações e contaminações psíquicas. Microrganismos criados habilmente nos laboratórios das regiões trevosas, por seres pervertidos no desamor, impõem os pactos e os domínios utilizando-se dos sentimentos do medo, pavor, insegurança e incerteza.

Estes microrganismos patogênicos fazem surgir uma multiplicidade complexa de enfermidades, desconhecidas da área médica e de difícil diagnóstico, cujos sintomas avultam com as angústias ou dores dantescas, capazes de anular completamente as conexões sublimes que poderiam auxiliá-los. Outras situações calamitosas podem surgir desses eventos, levando-os a desenvolverem psicopatias graves ou, até mesmo, chegarem ao suicídio.

Restaurações do sentir e do pensar

Vimos que a liberdade de escolher e a vontade atuando sobre o sentir, o pensar e o agir, são energias poderosas utilizadas pelo espírito levando-o às regiões de ventura e alegria nas quais as conexões psíquicas com seres sublimados se traduzem em liberdade incondicional e à condição de almas radiantes ou podem levá-los aos locais tenebrosos da escuridão onde seres satânicos com suas crueldades, perversidades e perversões escravizam os seres que deixaram ser escravizados. Se a semeadura livre é permitida, a colheita do que se plantou é obrigatória, por assim determinar a Lei de Unidade Cósmica Universal.

Os milênios de vivências no magnetismo inferior, semeando indiferenças e egoísmo, mostram que 95% dos encarnados e desencarnados da Terra, mantêm conexões psíquicas que envolvem trocas energéticas densas de poder, ouro, conquistas fáceis para o destaque do ego, glórias efêmeras, pactos sinistros que duram milênios em obsessões terríveis, sensualidade e satisfação dos instintos libidinosos, etc.

Observamos nesse jogo que entre as partes interessadas há seres situados em todos os níveis e situações hierárquicas, econômicas e sociais, unidos para que a escravidão, viciosidade, desregramentos, indisciplinas e deturpações continuem firmemente estabelecidos nas sociedades humanas.

Também está determinado na lei universal que nenhum ser humano ficará indefinidamente nessa condição e, para isso, as almas sublimes em números infinitamente maiores envolvem os irmãos do desamor nos raios luminosos do amor, de modo constante e retilíneo estimulando o ímã envolvente a fazer com que o eixo volte a vibrar e a pulsar no amor incondicional. Apenas pelo amor, os irmãos que buscaram os caminhos contrários no Cosmo sairão dos vales das dores e das lágrimas ardentes e copiosas.

As conexões sublimes contínuas estimulam as reflexões, as percepções e análises fazendo com que, em algum momento, os espíritos tristes se autoanalisem. Desse modo, perguntamos: por que continuamos a dar acesso a essa energia mental de baixa densidade? Por que escolhemos essa energia que destrói e degenera a mente e o coração? No caminhar da nossa trajetória, por que não conseguimos transformar os sentimentos densos? O que é que nos trará a liberdade, nos dando a certeza do amanhecer, das moradas sublimes e o descortinar do universo?

A resposta sincera a essas perguntas está contida em nossas análises sobre as escolhas e o caminhar de cada um e, a partir desta visão clara, pode-se formar a base necessária para se buscar a alma radiante inserida no interior de si próprio. Cada ser que dá início a restauração das partículas existentes no psiquismo e no coração é envolvido no circuito do amor. A mente pulsa em velocidade infinita se comparada à velocidade do coração, fazendo com que o querer com vontade e determinação mude as conexões tristes. As mudanças do sentir, pensar e agir não são fáceis, requer dedicação, força, vontade, disciplina e o despertar das ilusões da matéria, por não existir mudanças sem esse despertar.

Também não é fácil excluir as 'vantagens' dos pactos sinistros, quando se tem o poder nas mãos, assim como o ouro e as regalias efêmeras, muito menos ainda, ter fraternidade com o próximo. Todas essas situações e emoções mais elevadas que voltam dar sensibilidade aos seres não são fáceis, mas não impossíveis de alcançar. Nas supostas dores das transformações, muitos seres desistem no primeiro passo, ou até mesmo, nos 40% ou 80% do caminho percorrido que leva ao coração do Pai.

A reorganização dos sentimentos e pensamentos começa no intuito da pulsação, na sabedoria do despertar e a atração dos sentimentos nobres vai sensibilizando a organização sutil do eixo magnético. As consequências dolorosas passam a ser insignificantes quando comparadas a origem sublime do qual fazemos parte: o amor. Observamos que a teoria e a prática caminham juntas, não existe um mundo distante do outro. Esse mecanismo gera um aprendizado importante para o coração e para o psiquismo e, desse modo, todo caminho percorrido com sabedoria dá alívio a quem determina o deslumbrar do amanhecer, pois ele é a certeza do espírito na renovação.

Para que a teoria da renovação se torne em prática sublime do despertar é preciso incluir nas energias do sentir, pensar e agir, os sentimentos que acalmam as células dos corpos sutis que foram danificadas pelas agressões constantes dos raios magnéticos densos e evitar que o suicídio indireto e direto ou a tristeza, a culpa, o remorso e a vergonha ganhem proporções desastrosas impedindo o futuro de alegrias e bem-aventuranças. Estes sentimentos são: compreensão, tolerância, paciência, bondade, fraternidade, humildade, pureza, honestidade, simplicidade. Todos eles devem ser exercitados com o pulsar do coração, de modo que as renovações possam ir restaurando o mecanismo sublime do eixo magnético, alinhando-o ao coração do Pai. Vagarosamente, o sentir nobre e os exercícios práticos do amor trazem as lembranças das vivências passadas, da família cósmica e do amor eterno, com o propósito de reconstruir o caminho do amor e da luz divina.

****

Exercício nº 2: Sentir o pulsar dos sentimentos e o som da mente

É comum, na sociedade contemporânea, dar sugestões para a meditação, ioga e autoanálise como se fossem técnicas fundamentais para transformar os problemas internos da alma em recursos milagrosos de reorganização emocional. São inegáveis os benefícios que estas técnicas trazem, mas inicialmente, precisamos analisar o complexo sutil e a bagagem que carregamos em bilhões de anos de vivências, resultado de nossas escolhas e decisões: posso sentir e ouvir o som da minha mente? Como posso acalmá-la se nesse espaço ouço muito barulho e os pensamentos oscilam entre a luz e a escuridão? Qual é o principal sentimento que carrego em meu coração? Como é o pulsar desse sentimento? O que sinto com esse sentimento? Ele traz alegria e paz ou é de tristeza e desânimo, ou ainda, é de inveja e orgulho? Na profundidade da minha alma, quantas sutilezas subterrâneas do sentir estão em meu coração? Como reajo a uma flor, aos raios do Sol, a uma poesia, a uma música suave e acolhedora?

Baseado no que percebemos e a necessidade de transmutar os sentimentos, recomendamos os seguintes exercícios: busque um local calmo e tranquilo, onde possa caminhar sobre a areia ou a grama, ou ainda, um jardim, e procure sentir o pulsar dos sentimentos e dos pensamentos voltados para o amor e para a alegria, ao invés de tristeza, inveja, desânimo ou aflição. Ao dirigirmos para o trabalho ou executando atividades diárias, procure observar e sentir o pulsar dos sentimentos e dos pensamentos mudando-os sempre que situações ou eventos inferiores tentarem persistir na mente e no coração. Compare as duas situações e reflita sobre as diferenças de percepções e depois tente responder: quem sou eu? Como posso me tornar uma pessoa consciente da luz eterna?

3

Eixo magnético e ímã envolvente

A união de todos os magnetismos na elevação suprema e infinita do amor absoluto transforma-se na grande energia luz do Universo.

A grande energia luz

No mundo real e concreto, nosso lar cósmico universal, distante das ilusões abstratas e confusas que envolvem as matérias densas, a leveza dos seres é impulsionada pelas partículas condicionadas ao amor, envolvendo cada um nas pulsações do Universo e fazendo-o reagir à Lei do Amor. A profundidade da leveza da alma permite reações únicas em cada indivíduo, seja ao ouvir as músicas suaves, ler as escritas do amor incondicional, sentir o amor das amizades sinceras, da família cósmica e do amor eterno, o perfume das flores, mares, matas, como também, reagir com intensa alegria ao brilho das estrelas, dos ventos levantes e quasares.

O sentimento da leveza, também, reage a grande magnitude dos ensinamentos universais da metafísica e filosofia que englobam a física, matemática, química, astronomia e outras áreas do saber, especialmente, quando a junção das equações ampliam os conhecimentos cósmicos e estimulam os cálculos para que cada um compreenda como os feixes de luzes-cores do magnetismo sublime influenciam as diversas construções no espaço e os movimentos dos eixos magnéticos dos espíritos e das estrelas.

Entre caminhos nos mundos sublimes, nesse âmbito de reflexões e estudos infinitos da natureza universal que fazem com que a natureza do ser reaja às construções e aos debates contínuos do grande saber ético e virtuoso, os espíritos se tornam capazes de deslumbrar e compreender, integralmente, as reações, explosões e conexões das partículas atômicas presentes na base da energia una universal e na associação desta com todas as outras que compõem o complexo sistema energético do Universo, as quais transitam em frequências e potências elevadas, unificando as ações do amor.

Essa compreensão e essa certeza provocam explosões sequenciais nos pontos envoltório-magnéticos do eixo magnético do espírito, elevando-os para transformações contínuas e conexões cada vez mais profundas com os extraordinários Mestres do Amor e o Pai. Desse modo, entre as reflexões e análises dos estudos teóricos e práticos, sempre associados à religiosidade, há uma junção alegre no saber e no sentir os benefícios e a magnanimidade das verdades eternas, corroborando para que os seres se conectem, de modo progressivo e contínuo, na dinâmica sublime do Universo.

Enquanto o magnetismo e a leveza dos seres são impulsionados e direcionados para os estudos, para os trabalhos e para as vivências cósmicas, os seres adquirem a certeza de que são feitos do mesmo magnetismo incondicional do Pai, que são conexões do mesmo amor sublime presente nos seres de frequências mais elevadas, até nas mais simples moléculas. A combinação da certeza e leveza do amor agrupado no magnetismo primordial faz o coração pulsar, bater forte e vibrar em cores de energias pigmentadas e translúcidas, formando o magnetismo eterno de cada um.

O agradecimento ao amor profundo e contínuo do Pai, por vislumbrar tais estudos e processos, faz o espírito se sentir fortemente vinculado à paz e ordem do Universo, estimulando cada um a buscar, sempre mais, a ampliação dos estudos e dos trabalhos nesse circuito de amor para nunca se envolver nas ilusões degenerativas do materialismo.

*A luz envoltório-magnética presente nos processos
de evolução das partículas é direcionada pelo
coração e mente do Pai, em conexões retilíneas da
sublimidade e junções profundas dos corações.*

Nas estrelas frias, os espíritos não se lembram da grandiosidade de pertencer à dinâmica sublime do Universo, nem mesmo da leveza e certeza que experimentou em algum momento de sua existência. Em razão das grandes oportunidades observadas nas programações, de modo a compreendermos o mecanismo reagente do eixo magnético que impulsiona o espírito a grande magnitude universal, perguntamos: por que os mestres da Grande Filosofia Magnética Universal estimulam os espíritos nas estrelas frias a sensibilizarem seus pulsares e manterem o sentimento virtuoso da esperança em mais aprender, conhecer e agradecer ao Pai pelo conhecimento único?

A resposta a essa pergunta nos mostra que o conhecimento sublime é cumulativo e atemporal e cada aprendizado apresenta reações infinitas no eixo magnético do espírito, tornando-o cada vez mais apto a entender seu papel nas obras das criações do Pai e, resgatando, em consequência, a certeza de integrar a dinâmica da Unidade Cósmica Universal. O ponto de partida para a compreensão do mecanismo regente e reagente presente na natureza una é pelo estudo do eixo magnético e o entendimento do magnetismo envoltório que movimenta os diferentes tipos de eixos magnéticos no Universo.

As verdades eternas que direcionam o conhecimento profundo do Um, ao serem colocadas nos grandes e contínuos debates da filosofia cosmológica nos quatro pontos do Universo, levam os seres, mesmo estando nos educandários austeros, a compreenderem a precisão das reações e explosões do Magnetismo Primordial, de acordo com as escolhas e decisões do sentir, pensar e agir de cada um, cujas explosões ocorrem no eixo magnético.

A sensibilização do eixo do espírito aumenta nas programações atômicas dirigidas especialmente a este, revelando que o magnetismo absoluto concentra-se em cada um dos polos do Eixo Magnético do Pai, coração e psiquismo. Em processo semelhante, a alma também recebe o magnetismo do Pai nos polos do eixo magnético. A partir desses polos observamos que o sentir e o pensar estão na base da ordem Universal e na capacidade que todos têm de sentir a vibração do coração do Pai junto aos seus corações. A união fraterna e sincera do sentir e pensar faz os corações emitirem raios luminosos de intenso magnetismo, que espargem no Cosmo.

De modo a entendermos e colocarmos em prática a ampliação dos estudos sobre o magnetismo primordial e adquirirmos a percepção elevada desta energia na transmutação e transformação de tudo, especialmente do eixo magnético, enquanto buscamos realinhá-lo ao do Pai, será necessário aprofundarmos nos conceitos da ciência cósmica sobre o magnetismo e a construção do ímã envolvente e eixo magnético.

Baseado nesse mecanismo complexo e, ao mesmo tempo, simples, verificamos que as reações do sistema único regente no Universo tem como substrato o magnetismo do coração unido ao magnetismo do pensamento, em cuja essência vibratória, se associa as energias sublimes e envoltórias. A união destas energias transforma-se no extraordinário mecanismo tridimensional com o qual o Pai programa as partículas atômicas de modo que seu amor absoluto possa estar inserido e reagindo às diversas partículas e assim circular nos eixos magnéticos nas estruturas e espíritos presentes no lar cósmico.

A magnitude vibracional do processo de transferência das energias primordiais que Ele próprio cria e faz pulsar e vibrar nas partículas atômicas utilizadas para suas outras criações partem de um ponto central, Seu Eixo Tríplice Magnético que é movido por Seu Ímã Envolvente, tudo condicionando para o grande progresso no amor. Este conjunto de ímã e eixo se sobrepõe ao do Universo, ajustando as frequências e potências energéticas em toda Unidade Cósmica Universal.

As partículas atômicas pulsantes do amor absoluto transitam em altíssimas frequências e potências vibracionais de modo que, além de estarem presentes nos diversos tipos de matérias no Universo, elas recebem, continuamente, as informações da sublimidade, repassando-os para todo o conjunto. É um processo regente e reagente de criação e de realimentação do sistema único pelas energias primordiais, as quais circulam em feixes radiantes e estes, em movimentos de 360º no Universo envolvendo as estruturas da matéria, espíritos e átomos. Nessa sequência de eventos, verificamos que não há um átomo sequer no espaço cósmico que não contenha esse conjunto de energias.

Na magnânima energia luz que circula de forma tridimensional nos quatro pontos do Universo, outro conjunto tridimensional impulsiona e dá estabilidade a harmonia que ecoa em todos os locais, que são as energias do sentir, pensar e agir do Pai. Aí está inserido o magnetismo do coração unido ao magnetismo do pensamento que ao reagir às energias sublime e envoltória, provoca explosões de átomos na potência da transmutação e na transformação contínua dos elementos, em todos os pontos, estruturas e seres no Universo. É o trabalho magnífico do magnetismo absoluto envolvendo os pontos envoltório-magnéticos dos eixos, levando a energia sublime do Pai para o grande progresso de tudo e todos no amor.

Analisando esse mecanismo único de ação na Unidade Cósmica Universal, perguntamos: o que é a energia magnética? Por que ela deve partir, necessariamente, do Eixo Magnético do Pai? Por que o magnetismo primordial não pode ser inserido nas programações de estudos acadêmicos? Por que existe tão pouco conhecimento sobre o magnetismo no ser humano? Para a ciência cósmica, o magnetismo primordial ou absoluto é constituído por átomos e forças específicas que se unem no Ímã Envolvente do Pai e deste mecanismo para o eixo magnético, em feixes de luzes-cores ultravelozes e de altíssima frequência e potência vibratória.

O magnetismo primordial, presente no Eixo Magnético do Pai, é o substrato de atração mais importante do Universo e a partir deste formam-se diferentes tipos de magnetismos, a exemplo, do amor eterno, amor incondicional, nuclear envolvente, nuclear, suave, sentir, pensar e, outros que ainda não podem ser revelados. A energia magnética, formada por esse magnetismo, coordena os feixes de luzes-cores contendo os elementos e reagentes magnéticos estruturantes imprescindíveis nas construções e manutenções, desde o ponto central que é o Pai, até as Mentes Sublimes e destas para seres e estruturas no Universo.

Essa presença atrativa, agregadora e reagente infinita no espaço cósmico, em virtude de estar na base da constituição inicial de estruturas e espíritos, não pode ser estudada com maior abrangência na ciência acadêmica. Em outras programações no passado, o conhecimento e uso do magnetismo primordial e seus desdobramentos de energias resultaram em profundas distorções gerando o magnetismo inferior que degradou e impediu o progresso e a liberdade de bilhões de seres, a exemplo o que ocorreu nas extraordinárias civilizações atlantes e védicas.

Todavia, após a finalização da limpeza psíquica e do reposicionamento magnético da Terra, seus conceitos voltarão a impulsionar as atividades cotidianas do ser humano diminuindo os labores intensos e cansativos observados nas sociedades nos últimos séculos. Da mesma forma, após milênios de distorções sobre quem é o espírito, os estudos dos eixos magnéticos serão novamente estudados pela academia, nos séculos futuros.

Apesar do uso destrutivo da grandiosa energia luz e do mecanismo que a dispersa, para o abuso da escravidão psíquica e física, o Pai em sua magnânima bondade, sempre faz retornar alguns conceitos do magnetismo primordial e do eixo magnético, para o despertar de alguns psiquismos, dada a importância dessa energia no Universo. Estes foram recolocados pelos Mestres da Umbanda nas antigas civilizações da China, Índia, Grécia, e outros povos como os maias, incas e celtas, que elaboraram conceitos importantes e dela fizeram uso.

O uso inequívoco do magnetismo pode ser observado nestas civilizações, nos deslocamentos de blocos de pedras extraídos de rochas de maior dureza, como o granito, apresentando massas entre 10 a 40 toneladas e até 5 metros de altura, assim como, os seus cortes geométricos precisos e encaixes são verificados nas ruínas arqueológicas em todas as regiões da Terra. Os trabalhos de cortes, deslocamentos e de construções, incapazes de serem compreendidos pela ciência atual, são observados nas construções de pirâmides, na esfinge de Gizé no Egito, nos megálitos, cidades incas, maias e em muitas outras em todas as regiões da Terra.

A limitada compreensão acadêmica do magnetismo o classificou em dois segmentos: os fenômenos naturais presentes nos minerais, a exemplo do ferro magnético ou rochas magnéticas como a magnetita (óxido de ferro Fe_3O_4) que apresentam polos magnéticos, força magnética e partículas carregadas que imantam esses materiais em níveis subatômicos; o eletromagnetismo, que é a junção do magnetismo com a eletricidade, considerados aspectos do mesmo fenômeno e a partir do qual se elaboram ímãs artificiais feitos com a imantação de algumas substâncias como: bário, carbonato de estrôncio, óxido de ferro, neodímio, etc.

Os acadêmicos demonstram que o magnetismo tem a propriedade de atração e repulsão em determinados metais e ímãs e estes apresentam um polo positivo e outro negativo, caracterizados pelas forças dipolo, ou seja, os polos iguais se repelem e os polos opostos se atraem. Frente a isso, vemos que a energia ou força magnética atua mesmo que não haja contato entre os polos e essa ação é denominada de campo magnético. Desse modo, os cientistas vêm criando equipamentos cujas teorias que se baseiam nos seguintes princípios: cargas elétricas em movimento geram campo magnético; variação de fluxo magnético produz campo elétrico.

Os cientistas acreditam que o Universo observável é banhado por um imenso 'oceano' de ondas de luzes que podem se propagar no vácuo com a velocidade de 300.000 quilômetros/segundo. O conjunto dessas luzes é conhecido como radiações eletromagnéticas que variam conforme a frequência e comprimento da onda e algumas podem se tornar visíveis aos olhos humanos. Uma fonte de radiação, como o Sol, por exemplo, pode emitir luz dentro de um espectro variável. A luz solar, ao ser decomposta em um prisma, possibilita a visualização de espectros de várias cores, como no arco-íris. Todavia, o termo luz é restrito a uma pequena faixa da radiação eletromagnética que conseguimos enxergar.

As galáxias, o Sol, a Terra, as auroras polares associadas ao magnetismo terrestre e outros corpos celestes geram campos magnéticos através de seus fluidos condutores de eletricidade, os quais são frequentemente considerados muitíssimo turbulentos de plasma ou de líquidos condutores. Nesse contexto, observamos os relatos das radiações eletromagnéticas nos espaços interestelares da Via Láctea, nas emissões de faixa de radiofrequências dos quasares, pulsos intensos de radiação dos pulsares. No âmbito da Terra, as fontes de radiação eletromagnética estão presentes nas estações de rádio e de televisão, sistema de comunicação à base de micro-ondas, lâmpadas artificiais, aparelhos de raios-X, e muitas outras.

Para os acadêmicos, é possível que o magnetismo cósmico estudado no momento, ainda seja 'o primordial' e remonta ao nascimento do Universo, por isso está em toda parte. Classificando-o como uma das quatro forças que em paralelo a gravidade e dois tipos de energia nuclear forte e fraca, regem o nosso Universo, levam-nos a argumentar que o magnetismo é a única força à parte da gravidade que pode moldar a estrutura do Cosmo em larga escala. Todavia, os longos debates inconclusivos sobre a magnetogênese e a presença do magnetismo no Universo atual só terão um basta quando os conceitos da ciência cósmica forem devidamente estudados sem interesses pessoais e com a seriedade ética requerida.

Dínamo radiante do Pai

O grandioso Ímã Envolvente, de onde parte a atração grandiosa, o magnetismo maior que dá impulso e se faz presente no Universo, constitui o mecanismo central do Nosso Pai. A partir desse Ímã as reações do magnetismo primordial que surgem da união do magnetismo do coração ao do pensamento tudo irradia e envolve com os sentimentos de amor levados pela força mental em forma de feixes de luzes-cores vibrantes. Todos os átomos contêm as energias primordiais tridimensionais criadas pelo Pai e estes são ordenados com precisão em todo processo da Luz Maior. Esta também determina o valor da alta frequência e potência dos feixes vetores destes átomos, cujas concretizações das criações e transformações são feitas pelas Mentes Sublimes.

Todavia, nosso conhecimento sobre o Pai foi condicionado em dogmas que não nos permitem facilmente vislumbrá-Lo como um grande Ímã Envolvente ou um Dínamo Radiante. Até o momento, várias teorias O descrevem de várias formas; alguns dizem que Ele é simplesmente uma energia que comanda o Universo, outros afirmam que Ele existe 'dentro de cada um' e, outros ainda, argumentam que o homem foi feito à 'imagem e semelhança de Deus'. Determinados grupos religiosos acreditam que somente depois da morte, em razão do decaimento pelo pecado original, será possível ver Deus 'face a face'. A ciência por sua vez O retirou de suas instituições educativas e laboratoriais e a filosofia O tornou tão materialista que não é mais possível compreender sua essência.

Entre as teorias vigentes no mundo terreno que nos levam aos descaminhos do conhecimento e cientes de que há um processo dinâmico cósmico mantido pelo magnetismo pulsante, acentuado pelo Magnetismo Universal do Pai e que parte deste ponto central, perguntamos: como é formado o ímã envolvente do Pai Maior? Como ele é capaz de manter a atração e precisão dos átomos e partículas reagentes nos quatro pontos do Universo? O que significa eixo tríplice do Pai? O que entendemos por dínamo radiante do Pai?

De modo a tornar um pouco mais compreensível e didático o processo vibracional e pulsante, presente no Universo nas respostas a essas perguntas e a dificuldade em encontrar paralelos na Terra, apresentaremos os conceitos da ciência acadêmica sobre campo magnético, ímã, dínamo e suas aplicações, como um ponto de partida para uma compreensão inicial da essência vibratória regente e reagente no Universo.

A teoria dos ímãs desenvolvida pelos físicos mostra que eles são materiais dotados de propriedades magnéticas e têm a capacidade de atrair materiais metálicos, como o ferro e o alumínio. Eles apresentam polos magnéticos, em cujas regiões o campo magnético é mais intenso e, ao aproximarmos dois ímãs, observa-se que os polos magnéticos iguais se repelem e os polos diferentes atraem-se. Formam-se, então, um eixo e um campo magnético.

Complementando a teoria apresentada pelos físicos, eles alegam que não é possível encontrar um ímã apenas com um tipo de polo, só o sul ou só o norte e que se quebrado ao meio, cada uma das partes comportar-se-á como um novo ímã, isto é, com dois polos diferentes. A partir do conhecimento do ímã e o estabelecimento de uma das leis básicas do eletromagnetismo que diz que onde há corrente, há um campo magnético e por meio de um fio condutor há corrente elétrica, foi possível criar um dínamo.

Este é composto por um ímã ligado a um eixo central móvel, além de uma bobina ao redor do aparelho composta de um fio condutor de eletricidade, produzindo um campo magnético, sem que haja contato físico entre a bobina e o ímã. O princípio de funcionamento de um dínamo está ligado ao fenômeno da indução eletromagnética num quadro plano que gira em campo magnético uniforme.

Pelas leis da física, esse fenômeno estabelece que o sentido da corrente induzida e oposto à variação do campo magnético gera corrente, logo a variação de um campo eletromagnético gera corrente elétrica. Dois tipos de correntes elétricas são produzidos: dínamo em corrente contínua, onde seu conjunto fornece apenas corrente contínua, ou seja, a corrente que circula em um sentido apenas; dínamo em corrente alternada, onde seu conjunto fornece corrente alternada, uma corrente que circula em um e outro sentido, alternadamente. Desse modo, um dínamo pode ser aplicado na formação de geradores, hidrelétricas, bicicletas, baterias de lanternas, etc.

Em termos de campos magnéticos, os acadêmicos, ao estabelecerem que estes sejam onipresentes no Cosmo e que por meio de diversos métodos de observações eles existem, nos mais distintos ambientes estelares, suas teorias direcionam para a presença de dínamos e eixos magnéticos no espaço, a exemplo da Terra. Acredita-se que esta estrela é envolta em um campo magnético gerado internamente, no centro da Terra, isto é, no núcleo líquido, a milhares de quilômetros de profundidade e que nos protege de tudo o que vem do espaço. O núcleo é formado por ferro e níquel e suas condições revelam que a temperatura e a pressão são altíssimas, gerando uma grande quantidade de elétrons livres que circulam constantemente. O movimento desses elétrons gera uma corrente elétrica e essa corrente, em consequência, gera o campo magnético da Terra.

Com esse movimento extraordinário de elétrons, a Terra comporta-se como um ímã gigante com polos magnéticos localizados nos extremos do eixo magnético e próximos aos polos geográficos, ou seja, o polo sul magnético está próximo do norte geográfico e o polo norte magnético está próximo do sul geográfico. É importante lembrar que o eixo magnético não coincide com o eixo de rotação da Terra, sendo estes separados por aproximadamente 13º.

Ao compreendermos, de modo modesto, do ponto de vista acadêmico, os significados de campo magnético, ímã, eixo magnético e dínamo, podemos idealizar parte dessas teorias para entendermos a presença e a atuação do Pai no Grandioso Universo de Luz e quão magnânima essa presença radiante é. Ao considerarmos o espaço cósmico universal ou o lar cósmico e eterna morada como um extraordinário campo magnético, onde as partículas reagentes do magnetismo e da energia sublime se unem a outras energias, provocando as explosões luminosas do amor, nos certificamos que o Ímã Envolvente do Pai é o ponto de toda magnitude vibracional e pulsante. O tipo de substância que dá forma ao ímã, ao eixo e ao dínamo, ainda não pode ser revelado totalmente no âmbito da Terra.

Mesmo assim, relacionar ímã, dínamo e energia magnética à presença e atuação do Pai no Universo teve a atribuição de Aristóteles há, aproximadamente, 2.400 anos, portanto, não se trata de um tema desconhecido. Esse extraordinário filósofo que reuniu o conhecimento cosmológico da Grécia Antiga, além de acrescentar outras teorias da ciência cósmica, se referiu ao Pai como o princípio primeiro e o dínamo que move o Universo, constituído de uma substância imaterial, imutável, eterna, divina e independente.

Dessa substância partem todas as outras e ela está presente em todas as criações do Ser Imutável fazendo a união entre energia, matéria e forma. Assim ele demonstra que há dois tipos de substâncias ou energias: uma que está sujeita a mudanças ou transformações e outra que é incorruptível, eterna e primordial.

Desse modo, até onde é possível sabermos e para entendermos como se constitui o Dínamo Radiante do Pai, temos que o Ímã Envolvente apresenta materiais compostos pelas energias primordiais, sublime e magnética. A sua estrutura tem dois polos magnéticos: em um deles está o coração e no outro, a mente do Pai, formando um eixo magnético. O polo do coração é responsável pela criação da energia do sentir que, ao ser transformado, se apresenta com o que conhecemos como sentimento e o polo da mente forma a energia do pensar ou mental, cuja estrutura atômica forma o sistema psíquico.

Como vimos os dois conjuntos de energias formam as energias tridimensionais, cujas características dão a um conjunto a atribuição de criar, estruturar ou transformar os átomos, mediante a presença do outro conjunto tridimensional que movimenta e dá forma aos diferentes tipos de matéria criados pela Vontade e Pensamento do Pai.

Diferente das teorias acadêmicas, os sistemas atômicos dos polos do Eixo do Pai, não se repelem ou se atraem, em processos de exclusão, mas tornam-se 'monopolos magnéticos específicos' que se unem em energias de altíssimas potências e frequências, cujas velocidades de circulação no espaço só podem ser calculadas por seres sublimes: os Arcanjos. Estes seres sublimados as captam para transformá-las em construções ou renovações, no grande encontro das programações, entre o tempo e o espaço.

A união desses dois polos — o do sentimento e o do pensamento — transforma-se no agir ou nas ações precisas executadas pela Grande Sublimidade. Desse momento em diante, outra energia surge dos polos do sentir e do pensar, promovendo a estabilidade do Eixo Magnético do Pai, a envoltória. Enquanto a energia sublime, constituída pelas partículas do Amor Absoluto, se une a magnética para atrair as partículas atômicas, a envoltória circula ao redor do ímã, no núcleo do eixo magnético e é responsável pelos processos reagentes e de pulsações incondicionais.

Nessa visão simplificada do Eixo Sublime, verificamos que no Eixo Tríplice do Pai, circulam dois conjuntos tridimensionais de energias: sentir, pensar e agir e a sublime, magnética e envoltória. De modo simbólico, essas energias são, às vezes, reunidas em uma só, a energia una ou universal, que equivale na ciência acadêmica atual como energia e matéria escura.

Os dois conjuntos tridimensionais criam, por sua vez, o Dínamo Radiante do Pai. Este se sobrepõe ao do Universo, coordenando-o de acordo com as partículas do Amor Absoluto e do Pensamento e Vontade do Pai, constituindo a Unidade Cósmica Universal, cujas leis e forças, como vimos, mantêm as partículas sublimes acopladas na magnitude de um só princípio e unicidade de ações e atos, pensamentos e sentimentos.

Dínamos do magnetismo universal

Na imensidão das conexões, em uma escala menor de frequência vibratória que a da Grande Mente Sublime, o Universo reverencia as expansões que surgem, entre o tempo espaço, de responsabilidade dos Mestres Universais do Amor. Estes formam a mais alta Hierarquia Sublime do espaço infinito, constituída pelos Arcanjos, Cristos, Logos, Engenheiros, Construtores Siderais e outras categorias que ainda não podem ser relatadas.

Os espíritos, nestas categorias, perfazem milhares de degraus hierárquicos, cujos ímãs envolventes, eixos magnéticos e dínamos apresentam altíssimas frequências, potências e velocidades. De seus dínamos partem partículas de energias do sentir e mental que se acoplam às partículas tridimensionais do Pai, ampliando a magnitude de suas ações.

Seguindo a ordem e a disciplina estabelecida pela Lei Universal, de acordo, com as explosões magnéticas da Grande Mente Sublime, os raios de luzes-cores retilíneos contendo as partículas mentais dos Arcanjos, de frequências vibratórias inigualáveis e baseadas no amor sublime, resultam em raios de altíssimas frequências com velocidades calculadas. Estes raios estão presentes em todas as realizações, cujas explosões cuidadosas, forças e direções calculadas em todos os movimentos, levam os átomos aos pontos estratégicos, previamente demarcados, para as divisões e, consequentes, criações e renovações.

Cada construção, seja de uma galáxia ou de espíritos, é tão relevante que suas pulsações brilham para o Universo em sublimidades ofuscantes, emocionando todas as almas livres.

A união dos eixos magnéticos sublimes ao Eixo Magnético do Pai tem o objetivo de adotar medidas uniformes, estáveis e imutáveis, promovendo o extraordinário equilíbrio energético, com o auxílio de cálculos e velocidades programadas para cada função, na grande troca dos átomos envolventes durante as expansões e renovações do Cosmo.

Na imensidão do infinito é, por meio deles, que tudo é programado, executado e preservado nos quatro pontos do espaço infinito. Na complexidade dessas conexões, as junções de seus magnetismos brilham como raios adequando cada movimento às partículas do coração do Pai, pois somente estes seres sublimados são capazes de conectar, plenamente, ao Eixo Magnético do Pai e interpretar e executar Sua Vontade.

No coração do Grande Universo vibra e pulsa o magnetismo absoluto sensibilizando corações para a dinâmica do Universo.

Em todo Universo, partículas e pigmentos translúcidos e brilhantes que partem de seus eixos magnéticos executam as funções dos mecanismos do amor e potências magnéticas na agregação dos átomos para a organização das formas e a alimentação dos eixos magnéticos de estruturas e espíritos. O magnetismo da radioatividade utilizado nas construções concretas pulsa, dessa maneira, no grande progresso do amor e em todos os eixos magnéticos criados por esses seres sublimes, sempre ordenando a essência do Pai, entre o tempo e o espaço, nos trabalhos da Grande Unidade Cósmica Universal.

Eles são os espíritos que alcançaram graus inimagináveis de leveza, perfeição e sublimidade, tornando-se conhecedores profundos das leis e das forças universais, da paz e do amor, fazendo vigorar o auxílio a tudo e a todos, entre o tempo e o espaço, para que a manutenção da sabedoria magnética do Pai Maior e a Lei do Um sejam aplicadas com permissão e merecimento.

A circulação brilhante das partículas tridimensionais da Hierarquia Sublime, no espaço do amor que é o Universo e nos eixos magnéticos dá o direcionamento do grandioso trabalho que esses seres sublimados executam para a manutenção da paz, ordem e harmonia cósmica, por submeterem quaisquer reações no decorrer das programações para as sequências e sensações dos sentimentos enobrecedores e tudo alinham aos Eixos Magnéticos do Pai e do Universo.

Vórtices magnéticos na Unidade Cósmica

Ao toque do Um e de seus mensageiros, os Arcanjos, como energias elevadas transbordando a paz e o amor, transformam o Universo em um local radiante de luzes-cores cuja iluminação de alta frequência expressa matizes e tons em variações infinitas. Essa luminosidade não ocorre ao acaso, mas da junção de átomos e energias primordiais, cujos deslocamentos ocorrem no formato de feixes de luzes-cores translúcidos e cristalinos. Eles são transferidos para locais específicos pelas ações das forças mentais do Pai e das mentes de maior hierarquia cósmica e transitam em movimentos de ondas circulares de altíssima velocidade, nos quatro pontos do Universo.

Toda movimentação não é ao acaso, mas para o atendimento de criações e construções de nebulosas, galáxias, ventos levantes, estrelas, espíritos, etc., por estas condições serem contínuas. A chegada dos átomos e energias no ponto determinado provoca gigantescas explosões que, por serem de longo alcance, são capturadas nos telescópios 'sensíveis' a radiações criadas pelos acadêmicos. As imagens são interpretadas como explosões de estrelas ou de hipernova, erupções de buracos negros, colapso de estrela massiva, entre outros eventos que distanciam o conhecimento na Terra.

Além das energias tridimensionais, outras são criadas pelo Pai, e são também levadas pelos Arcanjos, por átomos em feixes de luzes-cores e dirigidas para o ponto estabelecido por esses seres sublimes de modo a integrarem aos objetivos do objeto programado. Entre as energias magnéticas translúcidas e brilhantes, temos a do tempo, que igualmente a todas as outras energias, parte do coração do Pai e transita no Universo, impulsionada pelo magnetismo das energias sublimes do sentir e do pensar, em velocidades extraordinárias.

A energia do tempo, que também representa a complexidade das conexões psíquicas e nos permite vislumbrar a magnífica sabedoria do Universo, cujas pulsações se inserem nas estruturas e nos seres, cumprindo as programações planejadas, para que os átomos e as energias construtoras da matéria circulem e estruturem-se.

Por exemplo, a energia do tempo, associada ao magnetismo, fixa e desenvolve o amor eterno e incondicional nos seres, assim como viabiliza os planejamentos e as sequências programadas para que as energias e átomos se estruturem, em diferentes formas de matéria. Os raios da energia do tempo são emitidos em movimentos ultravelozes, com cores específicas para cada situação e em números quantitativos previamente determinados por cálculos minuciosos.

Nos caminhos da eternidade, a singularidade desses eventos e de outros onde a radioatividade está sempre em circulação, não passam despercebidos. À medida que os espíritos, de acordo com seus merecimentos, vão sedimentando o conhecimento do Grande Sistema Cosmológico Universal e se tornam aptos a analisar, visualizar e estudar esses feixes e explosões que constroem e renovam os diferentes tipos de matérias presentes no Cosmo, com o auxílio da energia do tempo. Os estudos que mostram os conceitos, as informações e os trabalhos do Universo também incluem a criação e a evolução dos espíritos e suas respectivas moradas e familiares cósmicos.

No âmbito desses magníficos eventos, os feixes de luzes-cores e as explosões no Grande Universo, muito mais do que fenômenos emocionantes e de profundo amor para quem assiste, são motivos de estudos profundos e complexos, pois revelam a origem e o porquê de tudo no Cosmo, além do modo como o Pai e as Mentes Sublimadas operam. Nesse quesito, verificamos que as conexões de ímãs envolventes, como as dos Arcanjos, que pulsam e vibram em frequências muito elevadas, por serem capazes de interpretar o Pensamento e a Vontade do Pai, também envolvem reflexões, análises e estudos complexos do Magnetismo Sublime.

Enquanto, as reflexões são realizadas, os espíritos são levados a absorver, conforme sentir e pensar as transformações e renovações que sempre surgem no espaço infinito. Os mecanismos destas reflexões e estudos, utilizando o sentir e o pensar como mecanismos de movimentação do eixo magnético, atraem o magnetismo sublime para os pontos envoltório-magnéticos do eixo do espírito, nos caminhos do progresso evolutivo. A união de ímãs entre as coletividades destes espíritos, forma cenários de feixes de luzes-cores, reações e explosões atômicas de extraordinárias belezas jamais imaginadas pelo mais brilhante cientista na Terra.

A importância das informações e conceitos da natureza una, nos leva a compreender que as energias envolventes sustentadas pelo Eixo Tríplice do Pai e, Deste partindo para o infinito da Hierarquia Sublime, em movimentos, reações e explosões extraordinários, chegam a cada coração no Universo e nas estruturas, para que os seres, em algum momento, também sejam capazes de levar as energias em longos e vibrantes feixes de luzes-cores, comparados aos raios do Sol.

O mecanismo do magnetismo sublime do 'Motor Primordial' que leva, entre o tempo e o espaço, o conhecimento que liberta e permite a alma ter liberdade, também, revela entre estudos complexos outras energias operantes no Universo como a vibracional, elétrica, nuclear, envolvente, magnânima envolvente, etc. Estas energias carreiam átomos específicos e importantes para as operações programadas, mantendo o objetivo preciso das criações e construções. Nenhum átomo circula ao acaso no Universo.

Por exemplo, a energia elétrica por ser de alta potência, provoca reações e explosões produzindo correntes elétricas e a eletricidade; a energia nuclear, entre outros fatores, dá estabilidade aos pigmentos; a energia magnânima envolvente contribui para a luminosidade específica como o néon, fluorescência, fosforescência, bioluminescência, etc., além de apresentar uma dinâmica de interação e trabalho diferente em termos de potência, velocidade e frequência, entre outras energias.

Entre conceitos colocados na programação atual da Terra, conforme permissão da Lei Maior do Um, para auxílio às mentes fragmentadas e reações nos pontos envoltório-magnéticos do eixo magnético ocorreram para a libertação, verificamos que dois grupos de energias: um grupo, considerado de modo simplificado como energia una, universal ou primordial, tem como componentes, os dois conjuntos tridimensionais de energias e, o segundo grupo, engloba todas as outras energias criadas pelo Pai e são, igualmente, importantes para as construções e renovações cósmicas.

Esse princípio retilíneo de funcionamento do Dínamo Radiante forma um campo magnético estável, harmônico e ordenado, cujo dinamismo de transferência dos feixes de luzes-cores carreia as partículas atômicas, em valores de vórtices de altíssimas frequências e velocidades, conforme concretizado pela Sublimidade Maior e de acordo com cada formação e estrutura sendo criada.

No primeiro grupo estão as partículas pulsantes comandadas pela mente da Grande Sublimidade e da mais alta Hierarquia Cósmica, cujo aglomerado de energias de altíssimas potências vibracionais contínuas são responsáveis pelas explosões e divisões atômicas iniciais da energia nuclear em todas as construções que surgem no Universo, sendo este o princípio da radioatividade.

Além disso, por serem consideradas partículas vibracionais regentes e reagentes, assim como as primeiras a serem colocadas no núcleo de cada ponto, isto é, as que vão dar início às construções de seus movimentos, são distribuídas no local especificado em intensas reações e explosões luminosas e em cálculos de alta precisão.

Desse modo, nesse grupo primordial de energias, estão inseridos os átomos cósmicos, em cujo núcleo está presente o magnetismo e a energia sublime formando um ímã e, externamente, circula a energia envoltória que lhe dá estabilidade. Esta última energia é levada ao ponto previamente determinado por átomos vibracionais. A união dos átomos cósmicos com os vibracionais garante ao núcleo em formação, a presença das principais energias em suas constituições, assim como o mecanismo da pulsação e vibração fazendo com que tudo se ligue ao Pai e as Mentes Sublimes e nada fique estático no Universo.

Após a finalização dessa etapa inicial nas construções, onde os feixes de luzes envoltório-magnéticos criados pelo Pai e por Este e as Mentes Sublimes chegaram ao ponto de destino formando-se o núcleo, estabelece-se os processos de evolução das partículas e, a sublimidade do Pai continua presente nas ondas e explosões que provocarão os processos químicos com cálculos elaborados e precisos nas formações seguintes e necessárias para se completar a obra iniciada.

Estrutura envolvente do espírito

No cenário de reflexões e estudos que nos permitem, por permissão do Pai e dos Mestres do Amor, conhecer nosso lar cósmico universal e a nossa origem, perguntamos: como os espíritos situados em outras categorias, que não a dos Arcanjos, reagem às conexões psíquicas presentes na Unidade Cósmica? De que modo, o Grandioso Magnetismo se acopla no coração e na mente dos espíritos que já alcançaram a liberdade e naqueles que caminham entre as estrelas assimilando os conceitos da natureza una? Por que existe tão pouco conhecimento sobre o papel do magnetismo no ser humano?

Essa última pergunta feita no início de nossas análises neste livro, foi parcialmente respondida, pois entendemos que houve uma distorção proposital nas programações dos estudos da metafísica e filosofia universal, nesta estrela. Juntamente com a religiosidade, a ciência e as artes, esses mecanismos da sabedoria do Pai e das Mentes do Amor nos auxiliam a compreender todos os movimentos do Cosmo, assim como entender as vivências repletas de oportunidades e experiências, que guardamos em nossas lembranças. A natureza íntima desses mecanismos aponta para o importante papel do Magnetismo Primordial presentes nos seres e nas estruturas cósmicas criadas pelo Pai.

Infelizmente, por ignorarmos que o magnetismo do coração unido ao magnetismo do pensamento, conectados à grande energia envolvente do Nosso Pai se traduz em amor e impulsiona nosso caminhar, impedimos que o amor ilumine nossa própria escuridão. Por isso, é importante restabelecer o conhecimento de que todos se conectam por meio dos ímãs envolventes individuais ao Ímã Envolvente do Pai e a todos os ímãs da Hierarquia Sublime, unificando todos no magnetismo sublime.

Quanto mais brilho e luminosidade estas conexões demonstram, mais conscientes as almas se tornam para o conhecimento único e o amor incondicional. Tanto o conhecimento como o amor vão impregnando os eixos magnéticos com as grandes partículas brilhantes atômicas estimulando o desenvolvimento do magnetismo, entre o tempo e o espaço, para as transformações contínuas e reagentes.

Na trajetória evolutiva da alma, observando os brilhos enviados para as reações nos pontos envoltório-magnéticos do eixo, na complexidade do espírito, perguntamos: em que momento preciso estabelece-se o mecanismo que permitirá que todos os ímãs envolventes do Pai e dos espíritos, permaneçam unidos na eternidade e no infinito condicionando o caminhar para a evolução no amor e no saber?

Tudo se inicia nas áreas das magníficas nebulosas pelas explosões da radioatividade, cujas reações da energia nuclear dão o desenvolvimento ao espírito. A luminosidade reagente do átomo cósmico condiciona, energeticamente, em sequências vibracionais estáveis, outras energias, além das tridimensionais, no eixo magnético, para o surgimento do átomo-espírito, que inicia sua jornada eterna de bem-aventuranças e alegrias, se ele assim o determinar e decidir.

Um pouco antes, porém, é necessário lembrar que os Arcanjos, ao fazerem o planejamento de criação de mais uma família cósmica, calculam o formato e a capacidade de energia possível de ser absorvida e transformada em cada eixo magnético que constará desta família específica. Após os cálculos minuciosos do indivíduo e da coletividade e o objetivo de suas existências, estes seres sublimados começam a enviar os átomos para o início da criação, cuja frequência, potência e velocidade dos raios são proporcionais à criação dos eixos. Todos os espíritos que surgem no Universo têm no Amor Absoluto a razão de sua existência e esta não será ao acaso, mas fruto do mecanismo preciso da mais altíssima frequência vibratória — o Pai.

A Grande Energia Luz composta pelas energias tridimensionais ressalta no ponto determinado da área nebular, o local das reações e explosões atômicas que farão com que os átomos cósmicos e vibracionais se transformem em átomos-espíritos. Nesse momento especial de formação do princípio espiritual e inteligente que formará cada espírito, o magnetismo pulsante e vibrante acentuado pelo Magnetismo Primordial do Pai estrutura o ímã envolvente.

No átomo-espírito, essa estrutura apresenta átomos específicos da energia magnética nuclear mais sublime que existe: o magnetismo primordial. A junção dos átomos magnéticos resulta num mecanismo de extrema sensibilidade atrativa, atuando com dois polos. Nem mesmo os ímãs mais fortes da Terra, como os de neodímio (junções de boro e ferro) e os de samário-cobalto (junções de cobalto com elementos de terras raras) conseguem interagir com tanta intensidade em um campo magnético como o ímã envolvente do espírito. A partir das informações contidas nos códigos magnéticos enviados pelo Pai aos polos, esse ímã terá o formato e a essência de atuação condicionada ao sentir, pensar e agir, à semelhança do nosso próprio Pai e reage intensamente às energias do sentir e pensar de outros ímãs envolventes.

*Os raios translúcidos de luzes-cores do coração do
Pai e das Mentes Sublimes refletem em todos os
ímãs envolventes, fazendo vibrar os corações para a
liberdade e o amanhecer.*

Nas grandes ligações magnético-envoltórias que se estabelecem após a formação do ímã envolvente, este também recebe as informações para a liberação de outros átomos existentes nos feixes de luzes-cores enviados para cada átomo-espírito, em razão da sublimidade envolvida no processo de criação. Ao surgir o eixo magnético no espírito, este fica impregnado de todos os sentimentos do magnetismo, do mais puro amor.

A partir do momento sublime da criação, os feixes e explosões de alta potência magnética e envoltória enviada e coordenada pelo Pai e Arcanjos circulam em raios giratórios constantes nos eixos magnéticos onde pontos envoltório-magnéticos direcionados com o objetivo do desenvolvimento vão também surgindo.

Os pontos de conexões que passam a existir no ímã envolvente e eixo magnético recebem a magnânima circulação de energias sublimes e sempre estarão ligados ao desenvolvimento e progresso de cada ser por toda a eternidade. No início do caminhar, os pontos envoltório-magnéticos serão abundantemente alimentados pelos Arcanjos-Pais e outros seres sublimes com as luzes-cores do amor incondicional, pulsando e vibrando para as transformações.

Para caminhar pela eternidade entre as estrelas e os seres que amamos, as estruturas dos pontos do eixo magnético absorvem e movimentam as energias tridimensionais do sentir, do pensar e do agir estabelecendo sua própria conexão com essas energias e à medida que vai sentindo e direcionando suas percepções e assimilando os aprendizados, determinam decisões a si próprios.

É o livre-arbítrio e a vontade que surgem logo após as construções familiares do magnetismo sublime e vai ampliando seus mecanismos de escolhas no decorrer das programações, permitindo que o espírito dê seus primeiros passos rumo à eternidade e ao infinito, enquanto ele também decide se permanecerá eternamente ligado ao Pai ou se escolherá caminhos alternativos distantes do amor.

****

Exercício nº 3: Sentir os pensamentos

Viver aprendizados em uma estrela densa e fria requer o desenvolvimento de percepções e análises nem sempre tidas como importantes no mecanismo da autorreflexão. O pensamento é uma energia do grupo das energias tridimensionais do magnetismo primordial, constituídas no Eixo tríplice do Pai e, portanto, está presente em nosso mecanismo tridimensional de energias do eixo magnífico. Isso significa que quanto mais entendermos quem somos, mais rápido nosso pensamento transita no Universo e nos conecta aos seres que amamos, aos eventos cósmicos que gostamos e a alegria que sentimos ao caminhar entre as estrelas.

Baseado na importância das ondas mentais para promoverem a liberdade do espírito, recomendamos os seguintes exercícios: fique descalço em um jardim ou lugar calmo e tranquilo, ouvindo uma música serena e agradável e procure se lembrar como se forma e movimenta seus pensamentos. As perguntas a serem feitas por você são: estes são velozes e trazem agitações? Ou estão descontrolados e barulhentos? Ideias ou situações repetitivas estão sempre presentes nas ondas mentais? Eles te relembram pessoas ou situações agradáveis? Ou são desagradáveis? Ao colocar a música calma e serena, eles se acalmam? E os ambientes onde você frequenta, influenciam de alguma forma, seus pensamentos para se tornarem mais controlados e calmos ou, ao contrário, ficam mais agitados? Qual o efeito em você, ao realizar uma pausa para escutar a própria mente?

4

Espírito: magnetismo pulsante do Universo

Tríade envoltório-magnética do espírito

Na magnífica programação do Pai, após a criação do ímã envolvente e eixo magnético no átomo-espírito, o pulsar de Seu coração envia para cada futuro espírito, as matrizes definitivas de quem será no contexto de sua família cósmica, a qual integrará, possibilitando que este se torne um ser e possa caminhar no Universo, entre as diferentes dimensões e moradas com o amparo amoroso das famílias universais e da Hierarquia Sublime.

No magnetismo envoltório do eixo, entre cálculos, reações e informações inseridas nas matrizes previamente definidas no átomo-espírito, ao receber do ímã central do Grandioso Magnetismo Sublime os raios retilíneos das energias tridimensionais em altíssimas frequências vibratórias, torna-se necessário que pulsações e vibrações específicas ocorram em perfeita sintonia com esse Ímã Central, seguindo a lei natural do Um de construção das almas que povoarão o infinito.

Os átomos-espíritos, em meio à sincronia desses eventos constantes e ininterruptos, são estabilizados pelo magnetismo incondicional vibrante que sustenta os berçários nebulares esplendorosos. Esta energia suprema comandada pelas interações psíquicas e dos sentimentos de amor do Pai e das Mentes Sublimes, cria um ambiente de profundo conforto, permitindo que enquanto os átomos-espíritos reajam às frequências do amor eterno e aos componentes de sua célula familiar, também recebam as matrizes sublimes para a criação de seus respectivos corpos sutis.

Assim como o ser humano requer um corpo físico para a materialização na dimensão vibracional da Terra, o átomo-espírito necessita de corpos para se manifestar no Universo. Para que ele caminhe entre diferentes dimensões e frequências vibratórias da unidade cósmica exigirão alguns corpos e não de apenas de um. O número de corpos varia de acordo com as exigências das estrelas destinadas às programações de aprendizados. A criação destes demanda que códigos e modelos das formas materiais condizentes com a precisão, objetivos específicos e planejamentos, sejam estabelecidos pelo Pai e possibilitem a existência deste ser e sua família cósmica vivenciar na eternidade e o infinito, entre oportunidades de trabalhos, estrelas e o fortalecimento das amizades fraternas, nas diversas dimensões do Universo.

A concretização de cada corpo, na complexidade da alma, se inicia com o deslocamento dos átomos ao redor de determinados pontos envoltório-magnéticos do eixo magnético. As intensas explosões patrocinadas pelas conexões psíquicas que traduzem fielmente o Pensamento e Vontade do Pai direcionam para a formação dos veículos sutis que revestirão o eixo magnético do espírito. Esses veículos comporão a tríade superior que se desdobra em três corpos, em sucessivas etapas de construção.

A sequência dinâmica envolvente e vibrante dos elementos atômicos, cujas reações e explosões nos ritmos da energia de alta potência vibracional são impossíveis de ser calculada ou vista pelos seres da Terra, os átomos-espíritos que se individualizaram após a explosão na nebulosa e diante da meticulosa e precisa formação do ímã envolvente e dos pontos carreadores de energias, transformam seus campos envoltório-magnéticos em verdadeiras e potentes usinas atômicas, iniciando pelo corpo átmico.

Apesar dos átomos, que formam os corpos do espírito, serem diferentes, as matrizes da Tríade, que são as mais importantes para o espírito, se assemelham, simbolicamente, às combinações atômicas que ocorrem entre genes e cromossomos animais e vegetais na Terra, para a formação do corpo que irá materializar o ser vivo na Terra. Infelizmente, por pouco nos interessarmos sobre a vida no mundo real e, permitirmos que as informações acadêmicas insipientes nos dirijam o conhecimento, sempre ficamos surpresos com o fantástico surgimento da vida na Terra.

Embora desconsideremos a ciência cósmica como ponto de partida para a compreensão do surgimento do corpo humano, os resultados parciais deste conhecimento mostram que os genes são responsáveis por repassarem as características a serem herdadas geneticamente e permitem a materialização de um ser vivo do mundo dos espíritos para o mundo físico, por um período previamente determinado de tempo. O cromossomo, sendo uma molécula enrolada de ácido desoxirribonucleico (DNA), leva os genes, através das gerações, os quais indicam as características específicas para cada corpo a ser formado de indivíduos e coletividade, de acordo com a classificação de família, gênero e espécie.

Se por um momento, pararmos e observarmos uma simples planta, veremos que a formação da semente se inicia com a fertilização do óvulo com consequente desenvolvimento do embrião e do endosperma. Os cotilédones e o endosperma possuem a função de nutrir o eixo embrionário, fornecendo compostos energéticos e estruturais, os quais são, principalmente, carboidratos, proteínas e lipídios.

O desdobramento celular, impulsionado pelas informações emitidas pelos genes ao redor do eixo, dá origem aos tecidos envoltórios da semente, permitindo que ela se desenvolva com as características herdadas de sua família e gênero. Todo esse arcabouço de informações genéticas, impulsionadas por energias magnéticas surgem, primeiramente no mundo real, tanto para a planta como qualquer ser vivo e, é a partir dela que a semente no mundo físico vai ativando a memória dos genes.

Exemplificando os estudos acadêmicos dos genes, vemos, em termos de classificação de complexidade orgânica, tanto na botânica como na zoologia, que os números de cromossomos entre os seres vivos variam imensamente e cada espécie atua de modo diferente, mas mantendo o mesmo objetivo, que é permitir o progresso e evolução de todos os seres. Assim temos que o ser humano apresenta 46; a bactéria, *Escherichia colli*, contém apenas um e pares de bases de DNA agrupadas em 4.2888 genes; a borboleta, *Polyommatus atlântica* tem, aproximadamente, 452; o protozoário ciliado e unicelular, *Oxytricha trifallax*, com 16.000; as carpas têm 104; os elefantes apresentam 56; a espécie terrícola semelhante às samambaias do gênero *Ophioglossum*, contam com 1.260; a planta medicinal conhecida vulgarmente como espinheira-santa, *Maytenus ilicifolia*, apresenta populações com 32, 35 e 40; entre outros.

Na espécie humana, a união de duas células reprodutivas do pai e da mãe, cada uma com 23 pares de cromossomos, são capazes de dar sequência as informações necessárias e a consequente criação de um corpo humano composto por trilhões de células. O núcleo de cada célula contém, além de milhares de informações, as bases das moléculas de DNA. Desse modo, todo esse mecanismo se torna extremamente simples, do ponto de vista do mundo físico, ao refletirmos sobre os trabalhos magnânimos do Pai ao procurarmos entender a criação de um espírito e as composições atômicas presentes em sua natureza una.

Sem a luminosidade dos conceitos eternos, teremos apenas uma simbólica ideia da dimensão das matrizes atômicas que constroem os invólucros do átomo-espírito. As estratégias de divisões e recombinações de todas as partículas atômicas no ímã envolvente irrigado por pontos envoltório-magnéticos acionam as três energias primordiais mais importantes: a sublime que reforça a iniciação do processo, a envoltória que dá a pulsação e a magnética que produz a atração entre elas.

Os raios dessas energias ao incorporar o extraordinário mecanismo das matrizes presentes nos átomos cósmicos, direcionam o impacto das ondas específicas da radioatividade, para as divisões subatômicas das explosões, ativando as memórias e códigos matemáticos para a responsabilidade da formação das células. Célula após célula, cada uma com objetivos e sequências próprias se atraem ao redor do campo magnético do eixo, criando moléculas, que por sua vez, se agregam em forma de tecidos, dão início ao processo da formação da primeira túnica atômica que revestirá o ser pela eternidade, conhecido como corpo átmico.

Durante as reações e explosões atômicas, os dois conjuntos de energias tridimensionais que constituem o ímã envolvente do espírito são continuamente ativados pelas energias do Pai e Mentes Sublimes por serem estes que direcionarão as formações dos corpos seguintes. No legado de amor do Pai, durante as construções dos corpos, Ele e a Hierarquia Sublime capacitam o espírito para sentir, pensar e agir, de acordo com suas próprias decisões, repassando a este a responsabilidade de seus atos e vontade.

Prosseguindo nas grandes junções atômicas para a concretização da existência do espírito, este se movimenta no berçário, buscando sentir e entender as energias e as conexões ao seu redor, enquanto, em paralelo, se forma a segunda vestimenta que é o corpo búdico e, logo depois, a terceira que é o corpo mental superior.

Para a aquisição de experiências, cada corpo sutil apresenta sistemas atômicos diferenciados que se completam, em cujos tecidos agregam-se sistemas e órgãos sensoriais que permitem uma melhor percepção e assimilação de oportunidades e aprendizados, tanto no berçário como entre as estrelas.

Os três corpos da Tríade, ao se completarem, farão parte da estrutura envoltório-magnética do espírito nos mundos sublimes por bilhões de anos. Eles serão a manifestação do espírito nos planos superiores e neles estará depositado todo o acervo de conhecimentos e memórias vividas ao longo da caminhada evolutiva do espírito. Estes corpos estão ligados às mentes intelectiva e espiritual, assim como a consciência imortal, como geralmente é conhecida e, localizada, no corpo átmico. Esse mecanismo também se liga aos outros corpos da tríade e armazena lentamente todos os brilhos pulsantes dos aprendizados e experiências vividas pelo espírito e é onde tudo fica registrado. Nada se perde, desde o início de tudo na nebulosa sublime!

O que é a alma?

O espírito, ao desenvolver e aumentar a sua frequência vibratória, ganhando cada vez mais autonomia em suas decisões e ampliando a estabilidade das energias tridimensionais, especialmente, os sentimentos e pensamentos, torna-se um ser pulsante e vibrante e podemos nos referir a ele, também, como alma que circula por todo o Cosmo, ao lado de seu amor eterno, família cósmica e universal, amparado pelo Pai e Mentes Sublimes.

À medida que o espírito passa pelas experiências programadas e alinhadas à Lei do Universo, se direcionando para moradas-estrelas de menor frequência vibratória, o dínamo espiritual, impulsionando os sistemas celulares da tríade superior e os pontos envoltório-magnéticos que se ligam aos corpos, requer outros tipos de corpos. Estes o permitirão vivenciar as matérias menos sutis dos mundos intermediários e inferiores.

O corpo mental inferior é então construído para atender esse requisito, dando início a um conjunto de corpos denominados de quaternário inferior. Dependendo das programações traçadas para o aprendizado, esse corpo sutil revestirá a tríade superior conforme a necessidade vibratória da morada para a qual se dirige, de modo a ajustar o impacto de sua frequência e garantir a materialização do espírito.

Nesse ponto da caminhada cósmica, observamos que, de acordo com a categoria e programações, os espíritos terão o corpo mental inferior e outros corpos devem ser construídos com tecidos atômicos sutis e forças magnéticas condizentes com as moradas e as humanidades com as quais terão contato.

A busca pelo conhecimento de modo a ordenar o eixo magnético para a sabedoria e liberdade é diversa e, infinitos são os espíritos que utilizam de seus recursos. Dessa maneira, vemos que o Universo é um local pleno de amor e sabemos que todas as moradas construídas pela Sublimidade Suprema, sejam as superiores, intermediárias e inferiores, apresentam objetivos e programações para elevarem os espíritos às vivências harmônicas e tranquilas.

Para cada uma das moradas, o Pai proporciona veículos sutis que permitam a vivência consciente do espírito. Nesse âmbito amoroso, em meio à diversidade de moradas, é importante compreendermos a diferença entre estrelas frias e estrelas intermediárias e a forma como cada uma delas requer tipos específicos de corpos sutis.

Os corpos sutis do quaternário inferior para as estrelas intermediárias são construídos com malhas atômicas e frequências magnéticas mais leves e compatíveis com os espíritos que ainda não alcançaram conhecimentos universais completos e a liberdade incondicional ainda não foi alcançada. No entanto, estes seres não se envolveram no magnetismo degradado, ou seja, não desviaram os recursos da natureza sublime para prejudicar outros irmãos universais. Eles são considerados como seres bons por manterem sentimentos e pensamentos éticos e virtuosos, trabalhando e estudando para o seu próprio bem e da família universal.

As estrelas frias, como a Terra, por outro lado, apresentam quatro corpos no quaternário inferior constituídos por malhas atômicas mais adensadas. Esses corpos necessitam de grandes forças magnéticas e malhas atômicas capazes de suportar sentimentos densos e primitivos que causam enormes impactos nos tecidos celulares, ao materializarem as sensações e as emoções inferiores, próximas da animalidade. Há, também, necessidade de drenagem dos venenos e substâncias tóxicas, que migram do interior para o exterior, durante as limpezas, em razão dos transtornos psíquicos graves e as enfermidades resultantes destes processos.

O espírito, ao permanecer alguns milhares de anos ou muitos milênios nas dimensões das estrelas tristes e frias, necessita dos corpos: mental inferior, corpo astral, corpo etérico e corpo físico. Ao desencarnar, permanecendo em ambientes de magnetismos degradados que corroem os tecidos celulares, ele utiliza do corpo mental inferior e astral, para viver, sendo que os dois últimos, etérico e físico, são criados em planejamentos minuciosos, nos processos reencarnatórios.

Em estrelas-moradas cuja frequência vibratória é 10.000 vezes pior que a da Terra, os corpos sutis do quaternário inferior sofrem reajustes magnéticos intensos em termos de números, deixando de ser quaternário, ou ainda, na malha atômica, esta adquire maior densidade por ter que suportar altíssimas explosões, impactos e choques vibratórios. Os raios do magnetismo inferior que partem do ímã envoltório causam graves danos nos sistemas atômicos de todos os corpos sutis.

A desestruturação dos polos do eixo magnético que resulta no desenvolvimento exagerado de um deles, como é o caso do intelecto e psiquismo, afeta gravemente o outro polo: o do coração. Este último fica paralisado, tornando-se indiferente às energias tridimensionais sublimes, desalinhando o espírito em relação ao Eixo Magnético Central.

Vagarosamente, no percurso dos milênios, esse mecanismo dá início à destruição de todos os corpos sutis, até o espírito tornar-se um ovóide. Esta situação é comum entre os líderes satânicos ou magos negros; seus comandantes perversos e seres que alimentam arsenais incontroláveis de vinganças. Nos ambientes de educação extremamente severa, os aprendizados compulsórios programados pelo Pai e os Arcanjos os auxiliam a buscarem as próprias reabilitações e reconstrução dos corpos.

Ao findar as experiências nos mundos intermediários e/ou inferiores, o espírito torna-se capaz de dominar essas matérias e retorna livre aos mundos sublimes, quando se desfaz a malha atômica do quaternário inferior, assumindo os corpos da tríade superior para que ele continue as suas vivências na eternidade. A alta frequência vibratória presente em todas as dimensões do Universo, também permite que esses corpos do espírito, por meio de seu comando, se desloquem de modo independente e de acordo com dimensão a qual se dirige, permanecendo a conexão magnética no ímã envolvente.

Caso o espírito necessite retornar ou se dirigir a alguma morada, intermediária ou gelada, para algum tipo de trabalho ou auxílio, os corpos do quaternário inferior são reconstruídos ou, até mesmo, plasmados momentaneamente, com o auxílio e revestimento da tríade superior e são desfeitos rapidamente, assim que o trabalho termina porque não há causa e efeito a serem reparados, fazendo com que o espírito retorne livre à sua morada.

A alma e seu mecanismo pulsante, na eternidade e infinito, se encaminham para o fortalecimento das conexões e das programações em qualquer dimensão do Universo associado às frequências envoltório-magnéticas das luminosidades irradiantes das Mentes Sublimes. As formações magníficas do dínamo espiritual das almas e os impulsos que todos recebem do Pai, como demonstrado pela ciência cósmica, revela a precisão da organização e a complexidade da criação de um ser e o seu caminhar cósmico, cuja precisão permite que o espírito sempre relembre quem é e se aprofunde nos estudos grandiosos da filosofia do Um.

Sua posição e frequência vibratória reafirmam que existe uma ordem no Universo assegurada por uma lei que é a do Um, a qual se desdobra em inúmeras outras. Os fatores concretos e absolutos estabelecidos por essas leis e pela sabedoria magnética do Pai demonstram que os espíritos não desaparecem com a morte do corpo físico, nem mesmo vivem inertes em locais onde tudo receberão sem qualquer esforço ou atividade. Ao contrário do que se acredita na Terra, a alma caminha pelos processos da involução, que é a saída do berçário e o contato com diversas estrelas e frequências vibracionais, até a fase da evolução, que é quando se torna ciente de seu papel como cocriador ao Pai. Nessa fase, ele inicia o retorno aos mundos de suprema ventura, de posse de sua liberdade incondicional.

Todavia, vimos entre as luzes do Universo pulsando no Cosmo com o amor profundo da lei universal, que uma pequena porcentagem de espíritos quando comparados à maioria que escolheu a sublimidade, decidem passar pela involução em ambientes tristes e frios como a Terra. Imersos na escuridão, a criação dos corpos do quaternário inferior requer grande complexidade de programações e construções.

Ao vislumbrarmos as consequências das causas e efeitos resultantes das escolhas feitas e a necessidade premente de deixar esses ambientes, perguntamos: quais tipos de sentimentos e pensamentos refletiam a alma para ser exilada em uma estrela fria e triste onde os corações estão petrificados e se mantêm sempre em angústia? Por que a alma não analisa de onde veio e para onde irá depois da transformação que comprometeu a fazer, junto ao Pai e a família cósmica?

Para entendermos o significado da deportação ou do exílio de uma alma e em razão disso habitarmos a Terra, por um determinado período de tempo, será necessário desconstruir alguns conceitos que partem da religiosidade, filosofia e ciência. Verificamos que a alma na Terra, nunca deixou de receber o auxílio das verdades eternas para que ela pudesse se recuperar e se retirar consciente desse mundo gelado e perigoso.

As programações da humanidade, após a magnífica metafísica e filosofia grega, indiana e chinesa ter deixado vastos conhecimentos sobre o mundo real e o ser humano, dos quais muito poucos foram absorvidos, a Hierarquia Sublime continuou e continua a inserir as verdades eternas nos diferentes setores do saber da Terra sobre quem é o ser humano, o espírito e a alma encarnada onde está seu lar cósmico.

Dentre os aspectos que se tornam objetos de distorções ou discussões acirradas estão os paradoxos de criação e manutenção do espírito ou da alma no céu ou inferno ou no nirvana, que criaram modelos e conceitos diversos em todas as humanidades enviadas para essa estrela. A maioria das discussões termina por desestimular as reflexões sobre quem é o espírito e outras estabelecem dogmas que fortalecem as hipnoses mentais. Tanto o céu, como o inferno ou o nirvana não demonstram localizações no espaço, como se o Universo fosse um local abstrato.

Um dos modelos, voltado para o mundo materialista, diz que o ser humano é apenas um corpo físico que se finda com a morte no túmulo. Outros dizem que ele é espirito, alma e corpo e que com morte do último, alma e espírito passam a viver no mundo abstrato de Deus ou outra denominação Deste. Vemos ainda, os conceitos que mencionam que ele é formado de espírito, perispírito e corpo físico. O períspirito, em algumas sociedades, pode se desdobrar em diferentes corpos ou se apresentar como apenas um.

Certificamo-nos que a sabedoria sublime criou as almas para a eternidade e o infinito, vivendo entre seres que amamos e desenvolvendo atividades de estudos, trabalhos e lazeres, em qualquer ponto do Universo. No entanto, a colheita dos méritos e prejuízos que alguns espíritos causaram a si próprios ao escolherem caminhos contrários ao do Pai e que os levaram às construções dos sentimentos inferiores, resultaram nas ações amorosas da deportação ou do exílio promovidas pela Grande Hierarquia.

Ao ser definido que novas programações os aguardavam na Terra, os corpos sutis de cada alma foram reajustados para a convivência fraterna que teriam com outros irmãos da família universal, permitindo que durante as oportunidades que viriam, eles pudessem se lembrar de quem são; de sua família e do amor eterno. Entretanto, os corpos físicos na Terra são doentes, enfermiços e necessitam de cuidados terapêuticos constantes, o que significa que quanto mais densos são os corpos, mais difícil se torna lembrar das vivências no Universo. De modo a entendermos esse conceito, perguntamos: como os sentimentos internos destas almas exiladas se revelam na configuração dos corpos sutis?

A morada Terra é um mundo muito denso, gelado e veiculam sentimentos de baixíssima magnitude vibracional o que requer corpos sutis, mental inferior e astral, também conhecidos como perispírito, constituídos de acordo com os raios vibrantes das emoções e sensações descontroladas, que partem do eixo magnético em direção a eles. A malha atômica e a força magnética para a junção das células que formam os corpos resultam em parte das energias que dão sustentação ao sistema atômico da estrela e a outra com átomos que vão atender aos requisitos e as necessidades dos aprendizados e limpezas programadas.

Nas dimensões vibracionais deste educandário existem bilhões de espíritos vivendo entre os dois mundos e cada um deles recebe o auxílio das Mentes Sublimes para reconstruir os corpos sutis conforme as necessidades individuais e coletivas. Além da construção dos corpos, a manutenção destes e do eixo magnético são, também, igualmente amparadas pela Sublimidade Suprema para que o espírito consiga despertar e perceber que se desviou do caminho do amor. Geralmente, os pensamentos e sentimentos primitivos, inferiores, emoções descontroladas ou letargias psíquicas neles se expressam fielmente e retiram os brilhos desses corpos, podendo deixá-los opacos, escuros, deformados e malcheirosos, até o desaparecimento dos tecidos celulares de cada corpo.

Magnetismo dos brilhos da alma

A partícula atômica do espírito é envolvida no caminhar pelas programações, no curso do tempo e do espaço, em milhões de eras, entre ações e reações do magnetismo primordial. O ímã envolvente que se formou do magnetismo reagente do Amor Absoluto, ponto central das energias e que foi capaz de transformar a partícula em eternidade e infinito, tem na consciência adquirida na nebulosa, sua direção conforme decisões subsequentes dos sentimentos que surgem.

Os brilhos mais vibrantes do Universo partem do coração do Pai e conectam aos brilhos das Mentes Sublimes e estes a todas as almas no mecanismo grandioso da involução e evolução. A magnitude desse magnetismo que se origina e segue conforme a ordem da Sublime Luz direciona a partícula divina, que surgiu no coração e pensamento do Pai a se tornar um ser ou uma alma que apresenta sensibilidade característica única e pulsações específicas no Cosmo.

Entre as magníficas ondas, resultantes das junções de energias sublimes, o processo de luminosidade do ser partindo de seu ponto central expõe sua potência magnética em termos de brilhos por terem os feixes de luzes-cores de seus sentimentos nobres sobressaindo à expansão de sua consciência e psiquismo. A luminosidade que o ser adquire seguindo essa linearidade torna-se retilínea, constante e profunda. E ao irradiá-la para o Cosmo, a alma demonstra em forma de brilhos inerentes ao seu próprio sentir, pensar e agir. Desse modo, observamos que os brilhos das almas nobres são luminescentes, irradiantes e envolventes e para sentir o amor contido nesses brilhos, vai depender do coração de cada um.

O magnetismo dos brilhos de uma alma revela sua conexão profunda com o amor eterno e incondicional e estes se tornam magnânimos aos olhos do Pai e das Mentes Sublimes, porque por meio deles pulsam os sentimentos virtuosos e éticos do Magnetismo Absoluto. Eles formam frequências e ondas de energias extraordinárias durante as conexões psíquicas e os encontros fraternos comuns no Universo.

O coração de um ser que irradia os brilhos do Magnetismo Sublime alcança todos os corações, auxiliando os que se encontram em necessidades específicas ou alegrando os que vibram na mesma frequência vibratória. Ele caminha sempre com alegria e esperança, que são sentimentos que levam a direções retilíneas e mantém a certeza do brilho nos corações, unindo ao coração do Pai. Estes brilhos, por sua vez, ao tocarem o coração do Pai provocam explosões que podem ser visualizadas em grandes distâncias, por outras almas que também brilham intensamente.

Compreender o brilho do Sol, dos luares, das matas, das águas é entender o trabalho do Pai e o significado real da natureza una, onde os brilhos refletem suas presenças nos minerais, vegetais e animais, como em tudo no Universo. As almas que apresentam os brilhos conquistados pelo caminhar retilíneo podem apreciá-los, compreender a beleza cristalina destes, como também sentir os brilhos de uma flor, do som que transmuta os códigos divinos de uma música suave, comparáveis aos brilhos dos raios do Sol e o pulsar de um coração sublime, por exemplo.

A clareza dos brilhos de duas almas do amor eterno é a sublimidade mais bela do Universo, onde dois ímãs envolventes em suas mais altas frequências se conectam no momento da explosão no berçário nebular. Quando esses corações mantêm a certeza e a conexão do amor eterno, irradiam o magnetismo, cuja pulsação é a de maior frequência observada e dá forte impulso a ordem e harmonia ao Universo. A clareza e a intensidade destes brilhos são comparáveis aos raios e a luminosidade do Sol e a diversas outras explosões sublimes do Universo.

Em razão de pouco compreendermos sobre os brilhos de uma alma sublime, mas cientes que as grandiosas almas refletem brilhos intensos e inimagináveis, perguntamos: podemos descobrir quem somos pelos brilhos que irradiamos? O que significa essa luminosidade? O que seria do ser sem a luminosidade profunda de seus próprios corpos? As respostas a essas perguntas são cristalinas e nos afirmam que a alma, por ser uma partícula atômica que partiu diretamente do coração do Pai, tem luminosidade e brilho condicionados às suas vontades e escolhas.

A luminosidade que irradia de seu campo magnético, o entender do próprio coração, a assimilação do conhecimento que recebe a compreensão de quem são os seres do Universo, pois todos estão contidos na luminosidade e brilhos do Pai. Desse modo, verificamos que toda luminosidade e brilho existente nos corpos das almas são de simples compreensão por estes serem resultados das reações do magnetismo de suas escolhas.

Ao refletirmos sobre o que seria do ser sem a luminosidade profunda de seus próprios corpos, é importante estendermos nossa análise: qual a correlação dos brilhos com as conexões densas? Algum tipo de brilho resiste à escuridão do magnetismo inferior? Existe algum tipo de junção do brilho com a inveja, vaidade, orgulho, egoísmo e o ódio? Se os brilhos envolvem os sentimentos, atitudes e pensamentos dignos e nobres que são referentes à luminosidade, quando e de que modo damos seguimento às sensações nessa Estrela para, ao invés de brilhos, permanecermos na escuridão?

O ser tem a certeza do brilho de sua alma quando conduziu sua programação para o progresso e crescimento na Lei do Um, se, por ventura, encontra-se exilado em uma estrela fria, mantendo sentimentos indignos, significa que se submeteu à escuridão de suas escolhas e decisões. Ele deixou de ser um trabalhador do Pai e apresenta nenhuma ou pouca perspectiva de mudanças de sentimentos.

O pouco ou nenhum brilho de seus corpos indicam a prevalência dos sentimentos indignos do magnetismo inferior. O Pai criou os seres para a vivência no amor incondicional e eterno; se ele buscou os caminhos da escuridão, nenhum brilho resistirá a ela e, nesse paradigma, ao analisarmos quem somos, saberemos que desviamos do amor e coração do Pai. No entanto, o Pai nos aguarda para retornarmos à sua luminosidade e brilhos do amor absoluto.

Materializações para o despertar

Atraídos pelo magnetismo inferior, alguns espíritos destituem-se, voluntariamente, da luminosidade, brilhos do amor e conforto do Pai, submetendo os pontos e conexões presentes no eixo e corpos da tríade superior às reações da matéria grosseira e densa. A diminuição gradativa dos dois conjuntos de energias tridimensionais sublimes no ímã envolvente e seus pontos magnéticos, imposta pela vontade da alma, ao se tornarem insensíveis às partículas energéticas do amor, condiciona o espírito a ter que aceitar programações específicas compulsórias ou de exílio, envolvendo materializações e desmaterializações, em longas internações nas estrelas frias.

Os corpos do quaternário inferior, ao serem criados para atender essas programações, são ajustados de acordo com o grau de frieza e tristeza da estrela, onde os eixos magnéticos e as patologias enfermiças serão tratados. Tanto as programações compulsórias como as do exílio requerem o mecanismo da reencarnação, que é a materialização do espírito no mundo físico, e da desencarnação, que é a desmaterialização deste mundo e o retorno ao mundo real.

A alma, sem perder sua individualidade, embora tenha sofrido o processo de restrição de locomoção entre estrelas, recebe a concessão do Pai para, no âmbito da Lei do Amor, integrar novas oportunidades e experiências fraternas. A reencarnação em uma estrela fria como a Terra, permite que a alma que buscou desenvolver o intelecto distante do amor, mas que terminou por reduzir sua capacidade intelectual numa estreita faixa de percepção e assimilação da natureza una, a se regenerar e retornar ao caminho do progresso e redenção.

Esse extraordinário mecanismo concedido pelo Pai aos seus filhos amados, durante as programações de reabilitações, permite ao espírito, entre materializações e desmaterializações, acessar parte das lembranças de suas conquistas, conhecimentos armazenados, valores naturais e familiares. A justiça divina, ao promover novas oportunidades de aprendizados, libera parte do acervo dessas memórias demonstrando à alma que sua estadia em uma estrela gelada não se iniciou do 'ponto zero' e que ela já possui diversas outras vivências e experiências guardadas em sua consciência.

Diversas situações na sociedade revelam esses quadros que assombram a todos: por exemplo, uma criança com poucos anos de idade, repentinamente, começa a falar outras línguas ou a utilizar instrumentos musicais, ler partituras e executar músicas complexas; jovens, cuja exposição de conhecimentos acadêmicos como: astronomia, matemática, que levam décadas para serem assimilados, mas que os extrapolam no tempo de sua vida; relatos fidedignos de existências e situações passadas, entre muitos outros relatos.

Nos círculos educativos da Terra, a mente que está situada no corpo mental inferior e faz a conexão entre o mundo real e o físico, quando acionada por sentimentos subterrâneos, movimenta forças de grande alcance dentro de sua faixa de frequência e potência e atua como ondas mentais que reverberam os desejos e paixões, enquanto, constringem, desalinham, alteram, degradam ou diminuem as ondas sublimes enviadas pelas Hierarquias Superiores. Os giros constantes dessas energias degeneradas também tecem envoltórios magnéticos nas dimensões vibracionais da estrela-morada, afetando seriamente seus habitantes encarnados e desencarnados, retendo-os nos quadros ilusórios da matéria e na hipnose doentia.

No contexto, reencarnação como um processo de aprendizado sublime e fraterno, a obrigatoriedade da estadia em estrelas frias dá-se pela necessidade do retorno das partículas atômicas do amor, pois a circulação constante de energias densas do sentir deterioram, seriamente, os tecidos dos corpos e ao psiquismo que é nutrido pela energia mental, o que provoca dores alucinantes, à medida que a condição do quadro se agrava. A subjugação a um corpo físico traz um grande alívio a essas dores, além de inúmeras oportunidades edificantes que, quando bem aproveitadas, vão interferindo nas funções celulares degradadas, recompondo-as.

Leis e forças direcionadas pela Lei do Um atuam sobre as partículas densas que circulam na estrutura poderosa e delicada do ímã envolvente e eixo magnético, trazendo infinitos recursos para reestabelecer a ordem atômica que foi violada e que, por sua vez, desorganizou o alinhamento envoltório-magnético junto ao Eixo Magnético do Pai. A justiça divina, na esfera de ação da Lei de Causa e Efeito, que disciplina os processos reencarnatórios, ao atuar com bastante precisão, no espírito indiferente ao amor, tem a atribuição juntamente com a energia do tempo e as contínuas programações de levar o auxílio aos processos de reestruturação das inconsequências constantes do sentir e pensar.

Esta lei, todavia, não se aplica aos trabalhadores do Pai que reencarnaram na Terra para executar as programações de estudos e auxílios. Suas materializações no plano físico são precisas após longo período de redução vibratória, mas na desencarnação retornam imediatamente as suas moradas. Entre eles observamos: Jesus, Buda, Sócrates, Lao Zi, Sankara, Maria, José, Aristóteles, Teofrasto, Edward Bach, Hahnemann, Anton Mesmer, e outros.

Por serem espíritos livres no amor incondicional, ficam submetidos a 1% das forças magnéticas da estrela e necessitam dos corpos sutis do quaternário inferior para se ajustarem às leis e forças biológicas e executarem suas missões. Quando encarnados, continuam alinhados ao Eixo Magnético do Pai, a frequência vibratória de seus familiares e morada eterna, que os amparam durante o percurso na estrela, com partículas atômicas de alta composição vibracional e envolvente.

Na Lei do Um, o ser transcendente que estagia, temporariamente, na Terra, nos revela que todos estão eternamente submetidos às leis universais da Unidade Cósmica, essa condição nos diz que as materializações do espírito no mundo físico não significam que o espírito 'nasceu' ou foi criado novamente pelo Pai.

Trata-se do mesmo espírito criado na nebulosa, que se individualizou, escolheu seu amor eterno e célula familiar e percorreu diversas moradas durante eras milenares. Desse modo, por não haver separação na unidade, quando seus sentimentos, pensamentos e ações se tornam incompatíveis com os seres e ambientes onde se encontra, amorosamente, o Pai e Mentes Sublimes, o levam a reorganizar o ímã envolvente e o seu dínamo espiritual, nos hospitais ou educandários adequados.

Ele é uno em sua essência imortal e é também a unidade que se manifesta no sentir, pensar e agir. Por ser um espírito eterno, tendo um corpo restrito e estagiando, temporariamente, em uma estrela fria, o espírito nela se manifesta entre o berço e o túmulo, passam pela infância, juventude, maturidade e velhice, em etapas de aprendizados previamente determinadas nas programações reencarnatórias.

Os corpos sutis do quaternário inferior que permitem essa manifestação, como o etérico e o físico, em cada etapa do reencarne, sofrem reajustes de acordo com a conformidade de suas obras, escolhas, realizações, sentimentos e pensamentos construídos na somatória das oportunidades oferecidas.

No corpo etérico organiza o molde fundamental para cada uma das etapas e a contenção de impulsos das emoções, paixões e outros males que requerem ajuste e reabilitação. Dentro da permissão dos Mestres Sublimes, ressalta-se alguma virtude ou especialidade como estímulo às lembranças, que por ser um sentimento nobre, reflete em cada pulsar e ponto do eixo magnético trazendo à tona emoções que podem fazer vibrar os corações. O corpo físico nada mais representa que a forma temporária onde o espírito renasce, aprimora, se movimenta, transforma e renova, de acordo com a sequência de atividades programadas.

A Hierarquia Sublime, ao estabelecer as programações para as materializações e as desmaterializações dos espíritos indiferentes ao amor, analisam, individualmente, os seres. O próprio espírito, quando possível e desejoso de aproveitar a oportunidade oferecida, auxilia no planejamento e na redução vibratória de seus corpos sutis para incorporá-los aos moldes que o reduzirão à condição embrionária e ao útero materno, permitindo a materialização no mundo físico.

A aparência do corpo físico, resultado da ancestralidade genética presente nas combinações cromossômicas, apenas dá forma e revela o espírito, assim como a sua bagagem anterior que se manifesta no plano físico, de acordo com que foi permitido lembrar e reabilitar do conjunto de vidas anteriores. Essas materializações se repetirão nesse mundo ou em outros, até que o espírito interfira nesse processo e comece a atrair as partículas do amor incondicional, impulsionando o ímã envolvente para decisões éticas e virtuosas.

Eles levam em consideração o modo como a energia rudimentar e degradada circula nos corpos e nos pontos magnéticos do ímã envolvente, assim como observam os níveis das transgressões às leis e as tendências de cada um. O cuidado preciso dos Mestres Sublimes para com cada ser surge nas oportunidades oferecidas e nas pequeninas experiências repetidas, infinitamente, nas moradas destinadas às recapitulações e aos reaprendizados.

As materializações no plano físico em um corpo carnal atendem às programações específicas, nas quais se ampliam as gloriosas oportunidades de estudos, trabalhos, confraternizações e reflexões para a autossuperação dos quadros tristes de desamor e desrespeito que o espírito impõe a si próprio. Cada corpo físico reage aos imperativos dessas programações, ao envolver as tendências hereditárias que regulamentam as características da família consanguínea, como também a força magnética que vai viabilizar a limpeza ou drenagem de impurezas em local previamente estabelecido.

Por essa razão, ao demonstrarem desequilíbrios e disfunções vibratórias diferenciadas, às vezes bastante graves, ou externar distúrbios mórbidos da mente, os espíritos podem permanecer períodos de curtos, médios ou longos prazos, no corpo físico. Os períodos curtos, às vezes são utilizados em razão de suicídios, viciações profundas ou naqueles que estão presos nos mecanismos mentais obsessivos longos por gerarem graves prejuízos aos corpos sutis e instabilidades no ímã envolvente.

A duração de tempo para esse tipo de regeneração pode variar entre algumas semanas de gestação até poucos anos de vida. Observamos nesses casos, por exemplo, as doenças congênitas que surgem em crianças ou adolescentes, cujos espíritos demonstram profundos descasos para a sua desarmonia interior e às renovações sugeridas pela sua família.

De modo geral, sejam nos prazos longos ou medianos de vida, ocorrendo ou não drenagens das substâncias nocivas que se exteriorizam em forma de úlceras, tumores cancerígenos, tuberculoses, hipertrofias, transtornos psíquicos, esquizofrenias, entre outros. Cada transgressão gera um veneno tóxico e um período de tempo para ser sanado. Se livrar dos efeitos causados pela virulência dessas substâncias depende apenas do próprio espírito.

Ao compreendermos, a perfeição da Lei do Um, verificamos que, sob quaisquer circunstâncias, as programações levam em conta se o próprio 'dono' da vida tem ou não interesse em sair da condição do desamor e pretende direcionar sua vontade e emoção para a manutenção de um conjunto de sentimentos como: ódio, sarcasmo, ciúme, vaidade, orgulho, crueldade, angústia, preguiça, má vontade, discórdia, indiferença, brutalidade, calúnia, egoísmo, desprezo, usura, entre outros. Em todos os tempos e, independente se há interesse ou não de renovação, os resultados de quaisquer gestos bons ou ruins contribuem para a elaboração de novas oportunidades, programações e construção de novos moldes para as materializações.

Ambos os corpos, físico e etérico, que ficam subjugados às forças magnéticas de um ambiente de profunda tristeza e escuridão, resultam das combinações atômicas que configuram a estrela Terra, a qual também recebe os benefícios atômicos dos reinos minerais, vegetais e animais presentes em sua natureza estelar para promover alegria e dignidade de vida à alma em reabilitação. A oportunidade de obter um corpo físico mutilado ou são, por qualquer período de tempo, revela a grandiosidade do amor do Pai, pois ele é construído com técnicas bastante avançadas e estudos profundos da ciência cósmica nos quais apresentam o papel preponderante do magnetismo envoltório.

No âmbito do corpo físico, o cérebro e o coração que alimentam todos os sistemas orgânicos, também se conectam aos polos do ímã envolvente do espírito fazendo com que, apesar de receber o auxílio das Mentes Sublimes, continue a comandar suas escolhas, vontades e a sustentá-lo. Apesar de parecer um mecanismo simples que é o espírito sob o efeito de seu dínamo regente e reagente, amparado pelos feixes de luzes-cores das Mentes Sublimes, será o seu próprio agente transformador quando for capaz de determinar sua vontade e escolha.

A grande oportunidade de estar contido nas reações de amor do Pai colabora para que o corpo físico e sua complexa estruturação orgânica, mesmo tendo as moléculas imersas no magnetismo degradado, sintam as reações e explosões da sublimidade das incríveis e microscópicas estruturas celulares. Estas são alimentadas por muitos trilhões de átomos individualizados e impulsionadas pelo magnetismo grandioso do Pai formando redes atômicas imensuráveis comandadas pelas energias do sentir e do pensar do espírito, cuja sensibilidade reage ao mais simples e sutil impulso de transformação.

Vivências em dois mundos

Na laboriosa tarefa do autoconhecimento e em meio aos processos distorcidos dos grandes aprendizados, os espíritos submetidos às vivências na Terra recebem da Sublimidade Maior, a oportunidade dos desprendimentos dos corpos, cujo mecanismo permite aos seres se locomoverem no plano físico e, igualmente, no mundo real. Esse mecanismo é, vulgarmente, considerado por alguns como sonhos. A maioria dos seres nas estrelas densas acham irrelevantes os sonhos e muitos dizem não se lembrar de nenhum deles. Todavia, não é necessário apenas sonhar para que o espírito possa se desprender e buscar outros espíritos com os quais sintoniza, seja pelo ódio ou companhia que lhe agrada.

Em qualquer momento que haja relaxamento natural das forças magnéticas entre os corpos, esse fenômeno ocorre, podendo ser: ao ouvir uma música, lendo um bom livro ou em estado de relaxamento provocado. Mesmo que sua memória do corpo físico não revele onde e com quem esteve, esse momento fica registrado em seu eixo magnético e consciência em razão da movimentação das energias do sentir, pensar e agir que tudo assimilam. As consequências do desprendimento podem ser percebidas e analisadas por se tornarem perceptíveis nas atitudes que o espírito passa a adotar.

Sensações de alegria e paz, lembranças de locais ou de pessoas queridas, ou ainda, fortes intuições com as quais sonhamos ou que surgem repentinamente na mente causando emoções, demonstram o contato com famílias cósmicas que vêm em auxílio a algum tipo de aprendizado. Ao prestarmos atenção em alguma dessas sensações, acompanhado pela análise dos sentimentos que envolvem o contato, um grandioso auxílio e alívio nas lutas diárias pode ocorrer, renovando as esperanças e fazendo o coração reagir com alegria.

O contrário demonstra estados irritadiços, mudanças de humor, instabilidade emocional ou surgem pensamentos maldosos que evidenciam aventuras menos dignas em locais de baixas frequências vibratórias, com os quais mantemos sintonias. Com pensamentos circulando em ondas mentais persistentes, após a reafirmação de pactos com os afins, crises de ciúmes, desconfianças, calúnias ou maledicências provocam verdadeiras tempestades imorais interna e externamente no espírito. Além disso, desejos subvertidos que foram cuidadosamente guardados podem aflorar estimulando as degradações e as quedas dolorosas.

Nas estrelas geladas, os encontros entre obsediados e obsessores é também uma realidade comum entre os dois mundos e podem avivar emoções, provocando graves crises de tristezas, ódios, reatamento de vinganças, induções ao suicídio, homicídios ou corrupções diversas. Nem sempre os encarnados são as vítimas destes quadros dantescos de simbiose de sentimentos degradantes, pois, independente do mundo onde estejam, são dois ou mais espíritos que lutam intensamente movidos por emoções coléricas e irracionais. Ligações psíquicas destrutivas construídas em séculos e milênios alimentam a troca de energias e forças magnéticas altamente degradadas, afetando o ímã envolvente, os pontos e os corpos pela substância tóxica que produzem.

Também observamos, entre as atividades do desprendimento dos corpos, dentro do contexto da separação do 'joio' e do 'trigo', ora em andamento na Terra, é comum o fortalecimento dos elos ou pactos que mantêm os espíritos presos as ilusões e as hipnoses doentias, formando imensas teias energéticas de seres dementados e imantados a seres perversos e inteligências satânicas. Todavia, os trabalhadores operosos do Pai, também, tentam fortalecer os laços de amor com a alma transviada, tanto que o amor eterno e a família cósmica tentam consolidar recursos para o retorno dos seres amados e a saída do mundo das ilusões.

Estudos magníficos resplandecem, em todo Universo, com a Grande Fraternidade do Amor levando os tons cristalinos da sabedoria para circularem nos corações dos seres para o amanhecer.

Mesmo em plena escuridão, o recurso das vivências em dois mundos e outros utilizados pelas Mentes Sublimes age, gradativamente, para que as mentes hipnotizadas sejam acionadas para a liberdade. Essa vivência, simultaneamente, entre os mundos: físico e real auxilia o espírito a expandir sua percepção sobre o espaço que o envolve, para as oportunidades de aprendizados e renovações para além da escuridão.

Elas, também, permitem aos espíritos quando envolvidos em programações de estudos, trabalhos e auxílios, a conexão com o coração do Pai, o amor eterno, a família, a morada, os irmãos em outras estrelas, ou observar os deslumbres das belezas do espaço cósmico presentes nos ventos girantes, nos quasares, nas galáxias, nas estrelas mais sublimes.

É um merecimento oferecido pelo Pai e assimilado por cada coração conforme o desenvolvimento de seus brilhos e frequências. Em qualquer ponto do Universo, os desdobramentos dos corpos sutis nos dão a certeza do mundo real, tornando-se uma extraordinária oportunidade de crescimento, progresso e percepção de quem somos. As conexões entre os seres que se amam, no tempo e no espaço são belíssimas e criam as lembranças que guardamos com alegria nos corações, além de dar leveza aos corpos por aumentarem os movimentos dos giros das energias envoltório-magnéticas, influenciando toda a rotatividade do mecanismo do central do espírito.

****

Exercício nº 4: Sentir as sensações e o brilho do pôr-do-sol ou do amanhecer

As luzes-cores que nos chegam dos raios solares e promovem tons e matizes variados são brilhos que estimulam a sensibilização dos órgãos de sentido e a manutenção das lembranças e memórias dos cenários belíssimos sublimes que já vivenciamos. Além disso, não podemos esquecer que somos criados por átomos que reagem e explodem criando nosso próprio campo radiante de luzes-cores. Estando em uma estrela fria, esse campo magnético diminui sensivelmente, tornando as cores opacas e, é necessário reativá-lo com as percepções da natureza e a autoanálise para a mudança de sentimentos.

Recomendamos o seguinte exercício: dois momentos no dia permitem que os raios e brilhos solares atuem mais intensamente em nossos sentimentos, o entardecer e o amanhecer. Escolha um desses momentos, de acordo com sua preferência, e em um local tranquilo, procure olhar para o horizonte e sentir os efeitos dos brilhos dos raios e suas cores sobre a mente e a pele. Acompanhe as nuances de tons e matizes das cores e os sentimentos que surgem no coração e façam a si, as seguintes perguntas: eles são de agradecimento ao Pai por tantas belezas? Ou eles trazem alegria, ou ainda, nostalgia? Quais são os sentimentos guardados após a experiência com os brilhos no horizonte?

5

Pontos e conexões do ímã envolvente

*A força de um espírito está na conexão com o Pai,
na aplicação dos princípios do amor e em sua
essência imortal, eterna e infinita.*

Redes magnéticas nos corpos sutis

A história da humanidade da Terra, entre diversos temas, expõe em sua essência, o sistema filosófico cósmico universal que lida com as questões da vida e sua biologia para superação do sofrimento, a eliminação da ignorância e a indiferença ao amor. Nessa essência, é possível vislumbrar os feixes cósmicos acionados pelas profundas sintonias das Mentes Sublimes, criando frestas de luzes-cores em meio à escuridão tenebrosa que envolve as dimensões da Terra, para que os conceitos das verdades eternas continuem a alimentar os ímãs envolventes estagnados e façam os seres compreenderem que alma e corpo não são entidades separadas.

A incapacidade intelectual do homem físico motivada pelos aprendizados de sabor amargo, não permite que a alma encarnada na Terra reflita sobre suas vivências passadas no Universo. Para auxiliá-lo, grandes debates da filosofia cosmológica surgiram nas sociedades antigas das regiões asiáticas, especialmente, China e Índia Védica, e a mediterrânea com os povos gregos. Estes foram resultados de programações estabelecidas em grandes doses de amor para o autoconhecimento e o auxílio.

Apesar do escoar dos milênios, as construções filosóficas ao serem analisadas na atualidade ainda tornam possível sentir a magnanimidade de suas essências incluídas nos processos metafísicos designados para o conhecimento de quem era o ser humano e os auxílios extraordinários em forma de conhecimento que receberam.

Os conceitos fundamentais e suas construções reagentes deixados pelos trabalhadores do Pai nestas sociedades do passado remoto se desdobraram de modo árduo, constante e multidisciplinar em temas que integraram teorias, conceitos e práticas à questão intrínseca do Pai Criador do Universo e dos seres, incluindo o espírito e sua influência direta no corpo físico. Eles afirmavam convictos que havia uma profunda complexidade atômica entre o Criador — Deus, Brama, Jeová, Zeus, Júpiter, Baal, Dyeus, Dyaus Pita, El, Alá —, e seus filhos amados, cuja estrutura sutil apresenta espírito e corpos sutis, incluindo corpo físico.

Partindo do princípio da unicidade do conhecimento, um só sistema consistente e único para o despertar da consciência e os trajetos a serem seguidos para o alívio das dores e o fim da ignorância sobre o mundo real foi colocado àquelas sociedades. O modo prático de lidar com os problemas que afloravam revelava que o espírito constituído de mente e sentimentos poderia operar de modo descontrolado, se em excesso ou falta de energia, cujo processo resultaria em estagnação e ignorância ou no modo equilibrado de viver em paz e sabedoria. O primeiro causa enfermidades e, o segundo, evidenciava as características harmônicas que se refletem nos órgãos internos do corpo, favorecendo a autocura.

As distorções das construções filosóficas do infinito bombardeiam o eixo magnético com raios e energias deletérias impedindo que a sabedoria conectada ao coração promova a liberdade incondicional.

Muitos milênios antes da era considerada de 'maior intelectualidade', o século XX, os filósofos polímatas da antiguidade, já descreviam os átomos e as combinações de energias, a partir dos conjuntos tridimensionais presentes em todos os eixos magnéticos dos seres. Todavia, a sociedade que, atualmente, se estrutura geograficamente como ocidental, foi incapaz de entender o desdobrar desses conceitos universais e, mesmo a oriental está se perdendo em razão do divórcio do sentimento nobre com o intelecto.

Os retrocessos se acentuam quando não se compreende como um dínamo espiritual magnético opera quando está mergulhado nas ilusões do racionalismo intelectual, por este ser capaz de criar a idolatria ou dogmas na ciência sem avaliar o porquê de os conceitos e teorias desmoronarem em face do surgimento outras de frágeis contextos.

Esse tipo de comportamento irracional incapaz de reflexões profundas e que acentua os valores das forças corruptoras da decadência reflete nos pensamentos científicos atuais. Por exemplo, muitos especialistas ocidentais consideram apenas o corpo físico ignorando o espírito e estabelecem que a ciência e a filosofia dos povos asiáticos são conceitos pseudocientíficos que não podem ser provados pela razão.

A situação caótica das humanidades está se avolumando também em outras áreas, a exemplo da saúde espiritual dos seres, nos dois lados geográficos da Terra, Ocidente e Oriente, por estes encontrarem alívios imediatos na medicina industrializada e ciências psíquicas, postergando as reabilitações importantes que permitem compreender o significado de espírito cósmico e liberdade.

Os acadêmicos estudam o ser humano e seu corpo físico, pela metáfora moderna dos entusiastas da revolução industrial, como uma máquina biológica complexa controlada pelo cérebro e o sistema nervoso. Às vezes, essa máquina pode ter emoções, sensações e sentimentos que a influenciam, assim como apresenta alma. Esta última é ignorada pelo materialismo científico, mas, alguns segmentos da sociedade a vê com a função restrita de povoar os mundos encantados de seu Criador.

Mais recentemente, com os avanços dos estudos sobre energia e força, os acadêmicos reconheceram o fato de que toda matéria é energia, expandindo-se o conceito simplificado do corpo físico como máquina para outro mais moderno — sistema energético humano. A partir deste conceito, eles o transformaram em uma máquina humana atômica com superpoderes, capaz de ser 'consertada ou não, ao emperrar'.

Parte desses poderes tem sido exaltada na capacidade extraordinária de cada sistema e órgão, operar no âmbito do corpo físico. Por exemplo, o sistema biológico utiliza 100 músculos para cumprimentar alguém; o sistema sensorial conta com a presença de 2 milhões de poros na pele, cujas células se renovam entre 35 e 45 dias; o coração de adulto assegura a vida com batimentos de 100 mil vezes por dia; a velocidade de um espirro pode atingir 160 quilômetros por hora; os rins filtram aproximadamente 1,3 litros por minuto de sangue; o cumprimento total dos vasos sanguíneos, as artérias, veias e capilares é de cerca de 100 mil quilômetros, entre outros fatos.

O poder da mente, dos pensamentos e das emoções que eram vistos pelos povos asiáticos como preponderantes na distribuição ou alterações dos fluxos de energia, afetando canais, meridianos ou vasos longitudinais, órgãos e humores, continuam sendo mistérios insondáveis em outros povos. Estes, ao estudarem de modo ambíguo, ora o cérebro como uma máquina com neurônios semelhante a um computador, mas capacitando a tomada de decisões de forma complexa, ora a mente se manifestando através do cérebro, mas não originária dele e expressando o mundo das ideias separado da alma, vem causando enormes distorções, dúvidas e ansiedades agravando o desenvolvimento das ciências psíquicas que serão fundamentais nos séculos vindouros.

Os acadêmicos também consideram as pesquisas tidas como modernas na área da biologia, biomedicina, fisiologia, psicologia e outras que se interligam para conhecer o ser humano ao determinarem que as práticas e estudos milenares dos povos asiáticos e gregos não são baseados em conhecimento científico e, portanto, devem ser tratadas como pseudociência, assim como o foi a homeopatia; dessa forma, tentam desconstruir os paradigmas da ciência cósmica. Também deveriam levar em consideração, em suas hipóteses, que os métodos terapêuticos em uso e o conhecimento da influência do espírito sobre a estrutura fisiológica não atendem às necessidades amplas dos seres para o alívio das dores, se tornando incapazes de julgar ou subjugar outras teorias como a de impor seus resultados em outros povos.

A ligação entre corpo e espírito tem sido estudada de modo insipiente por alguns poucos indivíduos na academia, que se aventuram a unir as duas ciências: a materialista e a espiritualista. Todavia, eles começam a identificar e a validar as estruturas dos chacras, nádis e meridianos com o fluxo de energias convergindo para as estruturas celulares do corpo físico. Estas estruturas, ao reciclarem as energias estagnadas por outras, provocam alterações hormonais e fisiológicas nos órgãos do corpo físico. Eles vêm se certificando que existe um alinhamento especial entre estruturas, plexos nervosos, sistemas, fisiológico e endócrino.

Independente do que os acadêmicos atuais tentam impor como conhecimento do ser humano e, cientes de que além dos Vedas, estudos concretos foram realizados, perguntamos: de que modo, por exemplo, as tradições atlante, védica e pitagórica, cuja essência ainda pode ser observada e utilizada pelos seres de melhor capacidade espiritual, influenciaram o mundo antigo para que o conhecimento da complexidade atômica do ser humano pudesse auxiliar no autoconhecimento?

Analisando a história, nos certificamos que as três filosofias derivadas da cosmológica, em épocas distintas, deram continuidade ao mesmo conhecimento, o qual ainda se propaga, demonstrando que este não se inicia na Terra, mas é, em razão de programações estabelecidas pelo Pai e Mentes Sublimes, que estas se disseminam e mantêm sua essência cósmica em todos os povos, para que o ser humano conheça a si próprio, saia da condição de exilado e ganhe a liberdade.

A questão da energia absoluta ou prana para os indianos, a energia vital ou Qi para os chineses e a estruturação dos átomos na constituição da energia e dos elementos para os pitagóricos se entrelaçam, continuamente, nos estudos, teorias e conceitos deixados por trabalhadores do Pai nas magníficas civilizações do passado. As suas essências, mesmo frente às deturpações, persistem e são aplicadas na atualidade por fazerem parte do pensamento da filosofia cosmológica que, em breve, dominará a Terra, mudando o modo como os seres humanos se veem e tratam as enfermidades físicas e psíquicas.

Prana, Qi e átomos para os povos antigos eram a base e a origem de todas as formas de energia e matéria, permeando, envolvendo e controlando, não apenas o corpo físico, mas também, o psiquismo e toda a natureza humana e universal. De tal modo, que no ser humano a energia sublime ao deixar o corpo físico, o leva ao desencarne, ao se alterar, o enfraquece e ao provocar desarmonias mais graves, o torna enfermo.

Alguns segmentos da filosofia indiana considera o ser humano dotado de corpos e mentes no mundo astral que permitem aumentar a consciência, crescer espiritualmente e atingir patamares superiores de evolução retornando ao estado supremo de sublimidade, após vencer o fluxo incessante de renascimentos e mortes do mundo físico. Além disso, têm-se as práticas de desobstrução de pontos de energias, envolvendo os chacras e nádis, a acupuntura ou marma e a natureza do ser, contida no atmã e estudos para aumentar os efeitos desses pontos.

Na medicina milenar indiana, o sistema de nádis apresenta um canal principal onde 13 ou 14 grandes canais se ligam, os quais se ramificam em torno de

70.000 canais de menor calibre, por onde circulam o prana. Estes canais se comunicam com centros de forças ou chacras que os controlam. Os chacras são considerados pontos importantes de transferência e conversão de energias entre diferentes dimensões vibracionais, vistos como vórtices rodopiantes de energias sutis.

Eles são descritos, em número de sete grandes vórtices, que se estendem em centenas de outros secundários, juntamente com os canais, se interligam em cada corpo e os corpos entre si, de modo que um corpo supre o outro com energias renovadas e todos os órgãos físicos e extrafísicos. Os pontos marma são considerados áreas ou locais vitais onde ocorre a junção dos nádis a vários órgãos internos, por sua vez, à mente e aos corpos. Esses pontos de energia, ao serem pressionados, liberam a energia estagnada nos nádis, deixando fluir a energia absoluta. Esse processo é semelhante à acupuntura dos povos asiáticos, cujos meridianos apresentam a mesma distribuição.

Em outras regiões asiáticas, a medicina tradicional e sua filosofia também levam em consideração a existência de múltiplas dimensões no ser humano, ligando o organismo físico aos outros situados no mundo espiritual, cuja interação se faz entre o microcosmo e o macrocosmo. No âmbito dessa medicina, está um conjunto de práticas que inclui estudos sobre a relação das energias, sublime ou *yang* e a da Terra, a *ying*, a teoria dos cinco elementos, o sistema de circulação de energia pelos meridianos do corpo humano, a fitoterapia e outros.

Os conceitos de *yang* e *ying* são muitos antigos e presentes na cosmologia chinesa, tanto na criação do Universo, como da Terra e sua humanidade. Eles se referem ao princípio básico de que é preciso haver equilíbrio harmônico dessas energias no corpo humano, pois *yang* representa o elemento da luz eterna e sublime, o céu, a energia do Sol, o calor e o ar, aplicando-se a fatores externos de influências que não podem ser conhecidos pelas sensações físicas; e *ying* simboliza o elemento das trevas ou escuridão presente na Terra, a Lua, a água e o frio, lidando com os aspectos astral e físico.

A manifestação do Qi, que é a união entre *yang* e *ying*, se faz, magneticamente, por todo o corpo através de pontos localizados na pele e abaixo dela, onde está presente uma rede de meridianos e canais, os quais se ramificam, conectando os órgãos internos do corpo físico. São conhecidos doze meridianos principais que são bilaterais, sendo que cada um nutre um dos seis órgãos ou uma das vísceras, dos quais nascem os meridianos extraordinários e destes, por sua vez, desdobram-se outros quinze. A exemplo dos pontos marma, quando há obstrução de energia nesses canais, o sistema de acupuntura traz alívio às dores, dando oportunidade ao ser, de refletir sobre o porquê de tal acontecimento e quais emoções vem afetando-o internamente.

Todavia, há um meridiano principal conhecido como meridiano do vaso governador que se inicia no alto da cabeça e quase completa um círculo no corpo; localiza-se próximo da coluna vertebral e nele é depositada a energia *yang*, que se une a *ying*, favorecendo a circulação da energia vital em todo o corpo pelo sistema de meridianos. Este canal é semelhante ao *sushumna* da filosofia indiana, que se inicia no portal de Brama, o Criador, situado no alto da cabeça, responsável por distribuir o prana em dois outros canais como *pingala*, equivalente ao cordão-de-ouro e o *ida*, equivalente ao cordão-de-prata, e nos sistemas de nádis, para que haja troca consciente de energia, entre a alma encarnada no mundo físico, o espírito no mundo astral e o seu Criador no mundo das bem-aventuranças.

O conhecimento da complexidade sutil do espírito, que permite ao ser humano buscar sua liberdade, também, foi deixado na região da Arcádia, que eventualmente se configurou na Grécia Antiga. Muito antes do período mencionado na história, Pitágoras em diversos períodos e formas fluídicas, a exemplo de seu magnífico trabalho nas civilizações asiáticas, demonstrava a existência eterna da alma e a influência desta no corpo físico, por não estarem separados entre si.

Além disso, ele e os trabalhadores do Pai estabeleceram as doutrinas da transmigração da alma e a da imortalidade, como também a sua capacidade de ter memórias e lembranças dos conhecimentos adquiridos em vidas passadas. Estes preceitos foram amplamente estudados e descritos por centenas de filósofos cumprindo programações específicas determinadas pela Hierarquia Sublime.

Participaram dessas programações, os gregos que se tornaram mais conhecidos. Entre eles: Asclépio, Parmênides, Zenão de Eléia, Leucipo, Demócrito, Sócrates, Platão, Aristóteles, Hipócrates de Cós, e muitos outros, seguidos por Galeno entre os romanos, Avicena, entre os árabes, etc. Para eles, a alma é causa e princípio do corpo físico, fazendo do ser uma unidade substancial atômica e universal. A alma apresenta conhecimento e sentimentos e estes influenciam a harmonia do todo entre dimensões vibracionais dadas a sua imortalidade.

Era de amplo conhecimento nas escolas pitagóricas, a existência do átomo e suas contribuições na estruturação da matéria, incluindo o corpo humano. Os reflexos desse conhecimento estão na medicina grega, na qual Hipócrates estruturando, novamente, o antigo conhecimento cosmológico do ser humano tornou-se amplamente discutido por Galeno, Avicena e outros médicos filósofos, passando a ser referência, no futuro, entre os povos da Europa e as Américas.

A filosofia médica dos gregos, de modo simplificada, dizia que a harmonia entre a alquimia do corpo formada por elementos químicos, as emoções e a alma que se manifesta no físico demonstram equilíbrio entre estes componentes, ficando conhecida como teoria dos humores. Qualquer deficiência ou doença significava, basicamente, que o equilíbrio entre os humores essenciais havia se alterado. Portanto, a forma de tratá-la consistia em restabelecer o equilíbrio perdido.

Os diversos tipos de patologias ou enfermidades que se expressam nos seres foram enquadrados em quatro tipos de humores aos quais se relacionavam com elementos do Universo e qualidades atmosféricas, entre eles temos: 1) colérico, associado a bile amarela, fogo e calor; 2) melancólico, associado a bile negra, a terra e a baixa umidade e o frio; 3) sanguíneo, associado ao coração, o ar, a umidade e o calor e 4) fleumático, associado ao cérebro, a água, a umidade e o frio.

Neste quadro de compreensão da união da alma com o corpo físico, Galeno indicou que o desequilíbrio dos humores afetava o comportamento e as ações, o sentir e o pensar do ser, abrindo importantes questões científicas para o estudo das enfermidades psíquicas, nos séculos seguintes.

Nas regiões europeias, séculos mais tarde, a filosofia natural cosmológica da antiguidade, envolvendo o ser humano como espírito cósmico, ressurgiu com a ciência do magnetismo, contando com as participações dos Mestres Universais como: Paracelso, no século XVI, Jan Baptista Von Helmont, no século XVII e, depois com Anton Mesmer, no século XVIII. Eles e outras centenas de mestres haviam integrado a equipe de trabalhadores do Pai em Atlântida, China, Vedas e Grécia, entre diversos outros povos, para o despertar dos espíritos em aprendizados fraternos na Terra, para o despertar da complexidade interativa de seus corpos sutis e o caminhar no Universo.

Eles postulavam que nesse caminhar o fluido vital presente nos seres humanos era originário do magnetismo sideral e que este exercia influência sobre tudo e todos, e era necessário observar os sentimentos para que as pessoas pudessem absorver melhor esse magnetismo curador. O conceito do magnetismo serviu de base para o surgimento da medicina homeopática elaborada por Samuel Hahnemann e, depois, por Edward Bach, na qual o complexo de sintomas mentais e emocionais recebe peso igual ou maior que os sintomas físicos, já que estes surgem em consequência do desequilíbrio deste complexo.

Verificamos por essa retrospectiva que, em todas as eras, o Pai e as Mentes Sublimes apresentaram às civilizações, os efeitos que a alma, por ser elemento divino, confere ao ser a característica cósmica de eternidade e infinito, nela residindo a harmonia e a desarmonia do corpo físico. Em tempos recentes, mais uma vez, esse conceito foi ampliado em vários segmentos da sociedade, a exemplo da Doutrina Espírita, por meio de Ramatís, Allan Kardec e Francisco Cândido Xavier, integrantes das equipes de trabalhadores do Pai.

Esses Mestres do Universo esclareceram na doutrina espírita, sobre a continuidade da vida no mundo real; as programações criadas e executadas por seres sublimes para o progresso do espírito; a existência de mais corpos associados ao corpo físico; pontos envoltório-magnéticos específicos de circulações de energias como os chacras, canais e centros de forças no períspirito; fluxos de energia sublime ou densa transitando entre os poros perispirituais dos corpos sutis, à semelhança dos poros da pele do corpo físico; assim como, as leis da natureza una que regulam todos os fluxos de energias que sustentam a vida do espírito no Universo, entre outros temas.

Programações atômicas envolventes

Certificamo-nos no decorrer das análises feitas para a grandiosa magnitude do lar cósmico e a presença do espírito neste ambiente, que entre as explosões do magnetismo incondicional vibrante presentes no Universo estão as das transformações e os impulsos para o progresso do espírito, sustentando-o e unindo todos no amor. Elas são resultantes de interações complexas de feixes de energias envoltório-magnéticas enviadas pelas Mentes Sublimes para os pontos presentes no ímã envolvente de cada ser, em cumprimento a objetivos e programações.

O caminhar entre estrelas revela que as explosões que acontecem no eixo magnético do Universo e no coração do Pai, em simultaneidade, também envolvem o espírito e seus corpos sutis, em grandes vórtices de feixes de luzes-cores de energias sublimes, provendo conexões em todo o espaço com o magnetismo do amor infinito.

No movimento incessante das energias, os feixes de luzes-cores, também, apresentam a importante função de submeterem os pontos envoltório-magnéticos dos eixos às reações das energias tridimensionais no decorrer das programações, as quais provocam explosões específicas fazendo com que as energias do sentir, pensar e agir se unam, de modo que o magnetismo envoltório dessas reações direcionem as decisões de cada ser, de acordo com sua escolha, vontade e determinação.

Seguindo essa lógica, verificamos que as interações contínuas do Pai, Mentes Sublimes e espíritos proporcionam a todos, oportunidades de crescimento e evolução, de modo consciente e equilibrado, tendo no conhecimento nobre, o caminho das construções reagentes do eixo magnético. Para que o processo complexo de conexões psíquicas e de construções prossiga de modo contínuo e retilíneo, os pontos envoltório-magnéticos presentes em cada ímã recebem raios de luzes-cores com precisão e energias específicas resultantes de planejamentos individuais e coletivos, de acordo com a necessidade de progresso de cada ser.

O equilíbrio do ser na Lei do Um permite que os raios e pigmentos que partem dos corações sublimados pulsem no coração, inundando com a alegria radiante da luz eterna, o caminhar no Universo.

Na Unidade Cósmica Universal, os cenários que se desenham nos espaços siderais, já descritos, sempre reafirmam que o espírito habita um lar cósmico onde as partículas do amor vibram em sintonia direta com o Eixo Magnético do Pai, do Universo e das Mentes Sublimes. Eles seguem em suas trajetórias de progresso amparados pelo amor eterno, família cósmica e universal e, portanto, neste imenso oceano de partículas do amor, a coerência nos diz que o ser deveria sempre pautar suas escolhas no magnetismo sublime por receber, continuamente, os brilhos eternos e infinitos do amor absoluto.

Entretanto, vimos que, no Universo, uma pequena parcela dos espíritos, em algum momento de seu caminhar, dá início a transformação dos sentimentos e pensamentos nobres em outros inferiores, não mais aceitando alinhar o seu eixo magnético ao do Eixo Magnético do Pai e família cósmica, passando a destoar das frequências vibratórias sublimadas. Com determinação, vontade e escolhas próprias e voluntárias, estes seres buscam caminhos contrários, mesmo estando conectados nas malhas atômicas e imersos nos raios de luzes-cores das energias tridimensionais, de maior potência no Universo.

As reações do psiquismo que inicia o distanciamento do coração e altera o fluxo contínuo das energias, os levam a escolher o caminho das tristezas e das dores, cujos resultados infelizes os distanciam do amor eterno, da família cósmica e das moradas sublimes por longos períodos.

Simbolicamente, analisamos os efeitos desse processo pelo exemplo dado quanto à atuação do óleo no motor de um carro. O óleo sujo e velho, cheio de impurezas, vai entupindo as engrenagens do motor, até que o paralisa completamente. Assim o faz as partículas densas dos sentimentos nos pontos envoltório-magnéticos do ímã envolvente, capaz de paralisar o dínamo e o progresso espiritual dos seres.

Entre o tempo e o espaço, à medida que o processo de indiferença ao Pai e ao amor absoluto avança, os espíritos esquecem sua origem cósmica, eterna e sublime e que a união do espírito com seus corpos sutis está no comando de seu ímã envolvente, cuja estrutura é acionada por sua própria vontade e escolha, conforme a atribuição que o Pai lhe conferiu. Vimos nas descrições dos ambientes das estrelas geladas, que outras consequências gravíssimas surgem, a exemplo da dificuldade que cada ser tem em estudar e assimilar o conhecimento cósmico, o que ocorre na proporção direta das escolhas e na rebeldia em reabilitar sentimentos e pensamentos, levando-os a permanecerem estagnados por longos períodos, em ambientes tenebrosos e sombrios, distantes das luzes eternas.

Por não poderem conviver em ambientes de frequência mais elevada, há necessidade de construção de uma estrela fria que os abrigue. A perda da sensibilidade do pulsar, quando o espírito deixou de brilhar por opção própria ao desenvolver mecanismos de obstrução dos pontos envoltório-magnéticos do ímã, pode ser analisada nos registros históricos da Terra. Verificamos que os estudos dos canais e pontos envoltório-magnéticos presentes nos encarnados e desencarnados foram estudados há milênios, nas sociedades antigas e, até o momento, não se tem uma compreensão plena de seus benefícios. Dúvidas e ganâncias continuam provocando desinteresses ou deturpações em seus estudos, assim como, em suas aplicações práticas para alívio das dores.

Felizmente, a inconformidade desenvolvida para esse tema que impede o mecanismo central do ser de reagir às reflexões, análises e assimilações do conhecimento cósmico universal chegará ao fim, nos próximos séculos. De modo a darmos continuidade a esse importante conhecimento, perguntamos: quais são os efeitos nos pontos envoltório-magnéticos do ímã naqueles que optaram por distanciar o coração do psiquismo e impedir que as energias sublimes do sentir movimentem as energias do pensar?

Os princípios da Lei do Um nos mostram que o ímã envolvente é uma estrutura criada pelo Pai no átomo cósmico do espírito — átomo-espírito —, e podemos visualizá-lo, simbolicamente, como se fosse uma 'potente barra ou moeda' de ímã conhecida na Terra. Essa 'barra' apresenta dezenas de perfurações ou pontos, por onde transitam em forma de vórtices, os dois conjuntos de energias tridimensionais, em potências e frequências elevadíssimas, tornando-se um mecanismo de extrema sensibilidade e bastante energizados. Estas energias elevadas se associam a outras energias formando outros vórtices específicos que interagem com os pontos envoltório-magnéticos, através de reações e explosões.

É importante observarmos que o ímã envolvente de um Arcanjo Galáctico, não apresenta pontos envoltório-magnéticos como conhecemos, em razão de sua elevadíssima frequência vibratória, tornando-o capaz de movimentar uma galáxia, contendo bilhões de estrelas e humanidades com os vórtices de energias que partem do complexo de seu dínamo espiritual associada a outras.

Sob seu comando, estarão trilhões de seres psiquicamente conectados a ele através dos pontos envoltório-magnéticos e eixo magnético. Em frequência vibratória um pouco menor temos, por exemplo, um Mestre do Sol, capaz de auxiliar milhões de seres e de levar estudos em diversas estrelas, simultaneamente, pela sua capacidade de movimentar as ondas do sentir e do pensar sublimes, apresentando em seu dínamo poucos pontos envoltório-magnéticos.

Em situação contrária, um mago negro de coração gélido e intelecto 'bastante desenvolvido', apresenta dezenas de pontos envoltório-magnéticos, obstruídos no ímã envolvente. O magnetismo inferior que parte em raios de baixa frequência de seu eixo magnético não é capaz de movimentar o eixo de uma estrela fria, mas a ele ficarão imantados milhares de seres que igualmente apresentam dezenas de pontos envoltório-magnéticos obstruídos, formando imensos exércitos de seres dementados nas mais tristes condições da matéria densa. Com a obstrução dos pontos envoltório-magnéticos, as conexões densas se fortalecem na estrutura do eixo magnético.

Cada ponto envoltório-magnético apresenta funções específicas nos diferentes grupos de espíritos existentes no Universo. Eles se ligam, em forma de canais de energias, aos corpos sutis da tríade superior, irrigando as células, os sistemas e os órgãos, centros de forças e cordão-de-ouro dos corpos sublimados, em qualquer dimensão vibracional que o espírito esteja. Nos corpos sutis do quaternário inferior, esses pontos se conectam magneticamente aos canais presentes nos tecidos, órgãos e sistemas, nos centros de forças e no cordão-de-prata. A qualidade e tipo de circulação de energias nos pontos envoltório-magnéticos vão depender das escolhas e decisões que o espírito determinar, conforme vimos.

Os espíritos que escolheram os caminhos do amor em velocidades, potências e frequências cada vez maiores direcionarão os feixes de luzes-cores para os pontos envoltório-magnéticos e destes, as pulsações das energias giram em 360º ao redor do eixo magnético, aumentando, cada vez mais, à medida que o espírito se direciona para esferas mais sublimes. Na sequência destes impulsos, o eixo magnético aciona, igualmente em velocidade e potência, o dínamo espiritual que, por sua vez, irriga por meio de canais os átomos e moléculas dos corpos sutis.

O processo dinâmico de circulação de energias nos pontos do ímã envolvente resulta na leveza e brilhos dos sistemas sutis do espírito, à medida que as programações que levam aos aprendizados da filosofia, ciência, artes e religiosidade se dirigem às universidades mais sublimes do espaço cósmico e aos encontros alegres da Grande Fraternidade existentes nas magníficas moradas.

A categoria de espíritos desalinhados do coração do Pai tem no magnânimo processo dos pontos envoltório-magnéticos no ímã envolvente, direcionamentos inversos. Ao receberem as impurezas das energias deterioradas do magnetismo envoltório, os pontos envoltório-magnéticos vão sendo obstruídos com as energias densas e revertendo os giros velozes dos feixes em impulsos de baixa frequência, direcionando os seres para os ambientes caóticos das estrelas geladas. Os pontos vão se fechando para a circulação das energias tridimensionais de maior potência e frequência, alterando o mecanismo do dínamo que paralisa e estagna o sentir, o pensar e o agir.

De modo simultâneo, os canais de energias que fazem a conexão magnética entre os pontos envoltório-magnéticos, as estruturas moleculares dos corpos sutis e as energias deletérias do magnetismo envoltório, dá início a degradação da estrutura complexa e sutil do espírito. Quanto maior for o tempo de manutenção dos sentimentos inferiores, maior será a circulação e permanência das energias deletérias chegando à obstrução, quase completa, dos pontos envoltório-magnéticos.

As consequências do uso e abuso das energias degradadas, como vimos, geram deformidades e enfermidades. Dessa maneira, os espíritos que decidiram pelos caminhos contrários ao Pai vão se degenerando, se tornando magneticamente imantados à escuridão de si próprios e junto àqueles que os escravizaram, em tristes quadros de obsessões, subjugações e possessões.

Pontos envoltório-magnéticos do ímã

Dentre as pulsações relevantes que brilham no Universo, temos os deslocamentos dos feixes de luzes-cores para os pontos envoltório-magnéticos dos espíritos, em junção aos diferentes magnetismos e outras energias que atuam nos eixos magnéticos. De modo a ampliarmos o conhecimento e adquirirmos ampla compreensão destas pulsações, perguntamos: os pontos envoltório-magnéticos estão interligados ou atuam de modo independente? Quais são os pontos magnético-envoltórios que ficam em equilíbrio em frequências vibratórias elevadas, mas que se desajustam nas sintonias do magnetismo degradado? Quais são os efeitos dos raios sublimes densos nesses pontos?

Elucidando essas perguntas, nos certificamos que os pontos agem por pulsações independentes, mesmo estando interligados e exercerem funções diferentes, porém, simultâneas. Nos seres de baixa frequência vibratória, muitos pontos podem ser conectados pelos magos negros para o envio ininterrupto de ondas magnéticas densas. Os pontos envoltório-magnéticos, ao pulsarem, emitem sons que são visíveis e audíveis para os seres de maior frequência vibratória, como os Arcanjos, por exemplo.

Cada ponto apresenta velocidade própria e, por isso, o envio de fluxos de energias envolve cálculos precisos para que haja envio da quantidade exata de átomos e o consequente estabelecimento da frequência, velocidade e potência destes. O Quadro 1, mostra, simbolicamente, as posições dos pontos envoltório-magnéticos no corpo humano.

O livro *Ímã envolvente*, de Pai Joaquim de Aruanda[2], menciona a dinâmica do eixo magnético e seu ímã envolvente e a presença dos pontos envoltório-magnéticos, cujas numerações iniciam com o número 70, do 69 a 59 e do 60 a 50. Resumindo as informações já apresentadas no livro, temos o ponto envoltório-magnético 70, que simbolicamente, representa o ponto central do Eixo Magnético do Pai, cujo dínamo espiritual sublime alimenta com fluxos intensos e velozes de energia sublime, o Universo, as estruturas e os seres nele contido.

Os pontos envoltório-magnéticos 69 – 59 estão presentes nos eixos magnéticos da Hierarquia Sideral, compostas por Arcanjos, Cristos, Logos, Engenheiros, Construtores, Instrutores e Mestres do Amor. Nesta categoria, dependendo da classe de espíritos, o número de pontos no ímã envolvente varia de nenhum a alguns poucos. Quanto mais elevados são os espíritos, maior é a sintonia de seus eixos magnéticos com o Amor Absoluto, e maior é a quantidade de energias puras, translúcidas e cristalinas, impulsionando seus dínamos espirituais, fazendo com que atuem em profunda conexão com o Pai, exprimindo e executando Seu Pensamento e Vontade. Devemos considerar desse modo, o eixo magnético do Pai e dos Arcanjos, por não terem pontos envoltório-magnéticos, a exemplo de outros espíritos, todo o eixo como sendo um único ponto.

Em relação aos pontos envoltório-magnéticos 60 — 59 do ímã envolvente, presentes no quaternário inferior, suas descrições detalhadas mostram os efeitos

---

[2] Para maiores esclarecimentos sobre o ímã envolvente e o Eixo Magnético do Pai recomendamos a leitura do livro: VILARINHO, Maria Regina. **Ímã envolvente**. Obra mediúnica inspirada pelo Espírito de Pai Joaquim de Aruanda a médium Maria Regina Vilarinho. – 1.ed. Brasília, DF: Editora Luz e Conhecimento, 2018. 328p.

das energias sutis e densas sobre a alma. Completando essas informações neste segmento, destacaremos os pontos envoltório-magnéticos da categoria 40 e outros de grande importância que precisam se tornar conhecidos para serem acionados e induzidos às limpezas e transformações e permitir que o espírito retorne à condição de liberdade cósmica.

Infelizmente, por estarmos em uma estrela fria, outras informações relevantes não podem ser reveladas sobre a estrutura complexa do ímã envolvente do espírito. No contexto da construção do eixo magnético temos:

Ponto 40: localiza-se no alto da cabeça e por ele penetram as energias tridimensionais enviadas pelo Pai e Mentes Sublimes. Essas energias contêm o magnetismo do amor incondicional e o do amor eterno, cujos vórtices específicos direcionam os espíritos para o encontro do amor eterno e a construção de sua célula familiar. Neste ponto, chega parte do fluxo de energia sublime que partiu do ponto 70 e que também irriga o cordão-de-ouro e os corpos sutis da tríade superior. Este ponto também se conecta, magneticamente, aos corpos do quaternário inferior. Por ser um ponto muito importante para o desenvolvimento das conexões psíquicas sublimes, os primeiros efeitos da circulação dos sentimentos densos surgem nele, acelerando para a paralisação do eixo magnético.

Ponto 32: localiza-se na parte detrás no alto da cabeça; nele ficam armazenadas as lembranças das vivências do espírito. É o ponto onde a família e os Mestres do Amor atuam, fortemente, enviando feixes de luzes-cores, assim como os magos negros também enviam as energias degradas. Formam-se três situações distintas: 1) nos espíritos sublimes, os raios do magnetismo sublime, ao atingirem este ponto, faz com que ele pulse, absorva, libere, em seguida, as partículas do amor; 2) nos espíritos trabalhadores do Pai, os raios densos ininterruptos, enviados pelos magos negros tentam provocar a desconstrução do psiquismo e o consequente sequestro da mente; 3) nos espíritos que aceitaram o desamor e deram início a paralisação do ponto 40, absorve-se, cada vez mais, as energias densas, alimentando, proporcionalmente, os sentimentos inferiores.

Ponto 41: localiza-se próximo do alto da cabeça; nos espíritos sublimes os feixes de luzes-cores aumentam sua pulsação, transformando o caminhar em alegria, fraternidade, esperança e bondade; nos espíritos que se conectaram a indiferença do amor, a sua obstrução gera sentimentos de intolerância, extrema tristeza e outros inferiores e subterrâneos.

Ponto 42: localiza-se na região mediana da cabeça; este ponto é profundamente afetado após a paralisação do eixo, dando início a estagnação psíquica, em razão da diminuição gradativa das energias tridimensionais, por sua vez, os Mestres de Amor em auxílio, enviam feixes de luzes-cores contínuos, estimulando este ponto para as transformações psíquicas.

Ponto 43: localiza-se na região mediana da cabeça; este ponto, entre o tempo o espaço, recebe raios densos estimulando clichês mentais que passam a circular na mente com imagens de realidades psíquicas ilusórias, fortalecendo as conexões psíquicas subterrâneas; todavia, ele tem um papel fundamental no condicionamento das energias sublimes transformadoras, quando o magnetismo vibrante atua para que as pulsações voltem a impulsionar a saída das ilusões e o retorno ao progresso.

Ponto 30: situado na região cervical correspondente a base do crânio; em algumas situações, ele pode se ligar aos pontos 47, 48 e 49. Este ponto recebe da Sublimidade Maior, fluxos contínuos de partículas para estimular a esperança e a certeza das transformações, amparadas pela Grande Filosofia Cosmológica. Por apresentar o papel estimulador do conhecimento e do progresso, é muito atacado pelos magos negros que enviam fluxos sucessivos de feixes magnéticos densos para provocar oscilações e dúvidas nos seres, especialmente, durante os estudos.

Esse ponto também é estratégico para ações mais amplas dos magos negros. Se o ser estiver pulsando em baixas frequências vibratórias, por ele pode haver rápida conexão entre os três pontos mencionados, tornando fácil a colocação de equipamentos ou códigos em seu sistema sutil. O objetivo é para que o ser se torne uma marionete. Nos trabalhadores do Pai, os magos negros, nele atuam, com assiduidade no intuito de provocar oscilações, cansaços físicos e mentais, resultando em tristezas e desânimos, para que se tornem presas fáceis e permitam a colocação de códigos que, eventualmente, pode resultar no sequestro da mente.

Ponto 44: localiza-se na região cervical da nuca, um pouco abaixo do crânio; os feixes de energia que atingem esse ponto afetam profundamente o eixo magnético do espírito por ele apresentar ligações específicas com ponto 46, na região torácica posterior. Os Mestres do Amor enviam disciplinadamente feixes de energias sublimes para estimular as emoções e os sentimentos nobres e, os seres que os recebem, em reciprocidade, também reagem pulsando sentimentos de alegria e amor.

Nas situações contrárias, raios densos são enviados para este ponto, de modo a haver rejeição das energias sublimes, afetando seriamente, o psiquismo e o coração, especialmente, quando o ser imaturo ou inconsequente, passa a nutrir sensações de vazio existencial, solidão ou paixão, os quais geram grandes impactos e desequilibram o ímã envolvente. Nos seres que vibram no magnetismo inferior e formam exércitos para domínio de outros seres, pode-se ouvir nesse local, sons de longo alcance semelhante às batidas de um tambor. Estas vibrações sonoras irradiam para atrair outros seres em igualdade de condições, até que essa energia lenta, pulsante e constante, faça a conexão do ponto 49 dos seres afins, provocando a escravidão.

Ponto 45: localiza-se na região cervical mediana da nuca; este ponto recebe e potencializa os feixes nobres do magnetismo do sentir e ressalta os valores éticos e fraternos no ser e, por isso, este é um local importante de auxílio, especialmente, quando o espírito busca a transformação dos sentimentos; nos casos contrários, o magnetismo deletério estimula os sentimentos de egoísmo, avareza e outros, igualmente inferiores.

Ponto 46: localiza-se no início da região torácica; ponto muito importante durante a formação do eixo magnético por promover pulsações contínuas e vibrantes das energias sublimes irrigando, fortemente, o sistema magnético envoltório e a construção do mecanismo das emoções/sentimentos; em razão de sua função na movimentação da energia do sentir, os magos negros tentam afetá-lo e mudar a ordem do mecanismo, estimulando os sentimentos mencionados no ponto 44.

Ponto 49: localiza-se na região torácica central posterior; é o ponto mais importante na construção dos corpos sutis do quaternário inferior e, é o principal ponto de convergência com os de número 52[3], 48 e 47. Ele alimenta o cordão-de-prata que conecta e nutre os corpos sutis entre si, como também se conecta a todos os outros pontos do ímã envolvente, enquanto o espírito permanecer nos mundos inferiores.

É um ponto muito estudado pela Sublimidade Maior como também pelos magos negros, em razão da multiplicidade de reações e explosões que nele surgem durante as conexões, estando o ser encarnado ou desencarnado. Os seres que preferiram a indiferença do amor têm esse ponto obstruído para as energias sublimes e por ele passam a pulsar os sentimentos inferiores como:

---

[3] Para maiores esclarecimentos sobre o ponto 52, recomendamos a leitura do livro: VILARINHO, Maria Regina. **Ímã envolvente**. Obra mediúnica inspirada pelo Espírito de Pai Joaquim de Aruanda a médium Maria Regina Vilarinho. – 1.ed. Brasília, DF: Editora Luz e Conhecimento, 2018. 328p.

egoísmo, vitimismo, inveja, etc., acentuando a petrificação do coração, a fragmentação do eixo, as distorções do conhecimento e da realidade e o congelamento das emoções nobres e éticas.

Os magos negros estudam e criam mecanismos envolvidos em cálculos e códigos para manterem os seres presos aos multiversos das ilusões de modo a manter ideias fixas, em determinados desejos ou na manutenção das distorções do ego. Dentro das organizações mentais que surgem estão os comportamentos difíceis porque o ser nada aceita, reflete ou analisa com coerência, estabelecendo situações de vinganças, aflorando sentimentos de culpa, remorso e vergonha que, aos poucos, vão afetando o psiquismo do ser, de modo severo e perverso.

Os trabalhadores do Pai, quando encarnados, recebem dos seres da escuridão, raios densos contínuos para o estímulo de dúvidas e oscilações, trazendo constantes clichês mentais, para fazê-los acreditar que estão na mesma faixa de baixa frequência vibratória e distraírem a mente para as questões da espiritualidade superior e da necessidade de equilibrar a vivência entre os dois mundos. Na mediunidade, é preciso ter muita atenção neste ponto, porque muitos médiuns se tornam fortemente conectados à escuridão e, sem demonstrar qualquer vontade de mudança, agem como se fossem robôs, escutam perfeitamente o outro lado e reagem conforme os magos negros determinam, ignorando as sugestões dos Mestres do Amor para as oportunidades oferecidas.

Muitas vezes, para executarem as vontades inferiores, utilizam o processo de vitimização para subornar os seres ao redor. Por isso, é importante manter nos grupos mediúnicos, a disciplina dos estudos, percepções e observações constantes, assim como analisar palavras e atitudes que surgem nos médiuns e podem levar à dependência, à insegurança, à baixa autoestima ou à supervalorização dos egos, cujos meios favorecem os desequilíbrios psíquicos e acentuam as conexões tenebrosas.

Ponto 48: localiza-se na região torácica escapular posterior esquerda; no processo inicial de formação do eixo magnético, feixes de luzes-cores chegam nesse ponto em grandes impactos, em razão das explosões das partículas sublimes vibrantes que se movimentam para a formação do psiquismo. Por sua característica na formação da mente/consciência, este ponto se torna extremamente importante durante o processo das escolhas e o desenvolvimento do livre-arbítrio.

Após a sua formação, ele continuará tendo grande importância na definição das escolhas e decisões das vontades e preferências e é por ele que o ser define os caminhos da sua liberdade ou da escravidão. Caso o espírito tome suas decisões para a manutenção das partículas do amor, esse ponto irradia luminosidade intensa e translúcida e o complexo sutil apresenta leveza, brilhos e, suas vivências ocorrem na liberdade do Um. Nas situações contrárias, a obstrução pelos sentimentos densos leva o ser para a escuridão, fortalecendo as conexões com os magos negros, tornando-o escravizado por suas próprias emoções.

Ponto 47: localiza-se na região torácica escapular posterior direita; este ponto tem estreita conexão magnética com o ponto 49, mas ele também interage com os pontos 48 e 52. Nos processos de dores ou das transformações, ele se torna receptivo à homeopatia universal. Todavia, sua principal característica está no princípio da equivalência e nas diferentes formas de indução de energias. Se as energias que o fazem pulsar são nobres, ele emite raios e pulsações similares, impulsionando o progresso do ser.

Nos seres indiferentes ao amor, os raios densos promovem conexões com os pontos mencionados e os magos negros fortalecem suas ações, favorecendo seus discípulos com inúmeras barganhas, vantagens ou diversos outros interesses nos dois mundos, como por exemplo, poder, ganhos materiais, influências, dinheiro, emprego dos sonhos, etc. Nas reuniões mediúnicas, tanto nos seres encarnados como nos desencarnados, para este ponto, são enviados raios densos para que os médiuns que querem trabalhar com seriedade e amor tenham dificuldade de conexão em se conectarem com os mentores.

Pontos 2 e 4: localizam-se no pulso esquerdo e pulso direito, respectivamente; seus pulsares levam energias sublimes renovadoras para os membros superiores, irradiando para a cabeça e tórax, como também para os membros inferiores. Ele é muito importante nos tratamentos terapêuticos e, por isso, os magos tentam interceptar esse fluxo de energias para que o ser não tenha êxito na renovação de energias.

Ponto 80: localiza-se na altura do centro de força cardíaco, ao lado do ponto 50[4] e ele resulta da multiplicação dos números 10 × 4 × 2, onde 4 e 2 referem-se aos pontos citados acima. Esse ponto é o mais sensível de todo o espírito por se conectar ao polo eixo-coração, no quaternário inferior, onde o sistema das emoções, sensações e sentimentos comanda o caminhar do ser. Ele se conecta a todos os outros pontos do ímã envolvente e a todos os corpos sutis do espírito. Quaisquer sentimentos emanados ao próximo partem do coração e deste ponto específico.

Quando sentimentos sublimes são emanados com sinceridade, alegria e leveza preenche o coração, acrescentando efeitos positivos para o merecimento; quando ocorre o contrário e sentimentos inferiores são emanados a outros indivíduos, surge a falsa alegria de deboche ou de vingança, o que resulta, eventualmente, em mal-estar, indicando que a Lei do Amor foi novamente agredida e que haverá acúmulo de efeitos para serem reabilitados futuramente. Algumas vezes, perturbações emocionais surgem quando desse ponto partem sentimentos densos, cuja externalização torna-se evidente ficando o ser vermelho de raiva ou amarelo-esverdeado de inveja.

---

[4] Para maiores esclarecimentos sobre o ponto 50, recomendamos a leitura do livro: VILARINHO, Maria Regina. **Ímã envolvente**. Obra mediúnica inspirada pelo Espírito de Pai Joaquim de Aruanda a médium Maria Regina Vilarinho. – 1.ed. Brasília, DF: Editora Luz e Conhecimento, 2018. 328p.

Ponto 21: localiza-se na região lombar central; é um ponto de conexão magnética extremamente importante no quaternário inferior, por ser sensível às energias que o movimenta continuamente e que por ele circulam, em todo o sistema sutil do espírito. Ele também converge as energias para os pontos 20 e 22. Se por ele circularem energias sublimes, o ser sente tranquilidade e reflete sentimentos de paz. Nos seres conectados às energias densas, grandes complicações surgem na parte inferior das costas, caso não tenha ocorrido hematomas oriundos de acidentes externos.

Por ser irrigada por uma rede de nervos e vasos sanguíneos, grande pressão surge nos nervos e nos músculos, gerando complicações físicas, cujos sintomas podem variar entre dormência, fraqueza muscular, formigamento, dores intensas no quadril e pernas, ou ainda, outros efeitos severos na coluna e membros inferiores. Nos trabalhadores do Pai, quando as oscilações e dúvidas se tornam frequentes sobre quem são, ao sofrerem ataques nesse ponto, assim como nos pontos 22 e 20, sentem desânimo ao caminhar, cansaço nos membros inferiores, podendo chegar à paralisação completa das atividades.

Pontos 20 e 22: localizam-se na região lombar esquerda e direita, respectivamente; ambos apresentam as características mencionadas no ponto 21.

Entre o tempo e o espaço, a beleza magnética do existir deslumbra-se nas programações atômicas do Pai e das Hierarquias Sublimes, energizando os pontos envoltório-magnéticos do ímã envolvente com feixes de luzes-cores das energias tridimensionais, para as conexões das estruturas sutis do espírito, a exemplo, dos corpos da tríade superior e do quaternário inferior, assim como os cordões-de-prata e de-ouro, os centros de forças ou chacras e os canais nádis e meridianos das filosofias, indiana e chinesa. Os pontos circulares e suas complexidades constantes demonstram a grandiosidade da vida dos espíritos, em qualquer dimensão vibratória e em dois mundos.

Na Terra, o corpo físico considerado como um produto espetacular da engenharia humana, cujos traçados aleatórios da natureza estabeleceram uma complexa rede de logística para sustentar operações estratégicas como o de transportar sangue, oxigênio, hormônios, etc. e permitiram que o ser humano pudesse ter entre poucos momentos de vida, até pouco mais de 100 anos de existência, mostrou ser uma construção magnífica do Pai, porém, simples e modesta.

O corpo físico, que nada mais é do que um aglomerado envoltório-magnético de átomos, é comandado por vias do Magnetismo Sublime, pelo ímã envolvente, formando um potente e inigualável dínamo no espírito, submetido às energias do livre-arbítrio e da vontade. Por esse mecanismo que irradia pontos e conexões envoltório-magnéticas e materializa a bagagem armazenada frente a escolhas e oportunidades, formatam as características fisiológicas do corpo físico, de acordo com a Lei de Causa e Efeito e a programação elaborada com precisão e segurança.

Desse modo, mesmo que o Pai permita que cada ser caminhe pela eternidade entre as estrelas sublimes, deslumbrando as belezas do Universo e usufruindo das partículas de seu Magnetismo Absoluto, se o espírito assim o decidir, seu coração se fechará para o amor incondicional e para a liberdade, interferindo em todo o sistema celular sutil com a simples mudança de sentimentos e pensamentos para o magnetismo inferior.

Essência do espírito

As grandes oportunidades oferecidas nos estudos da ciência cósmica nos mantém convictos em como devemos agir no resgate de nossa essência, para encaminhá-la aos mundos sublimes e ao retorno junto aos familiares cósmicos e ao amor eterno. Há milênios, a Sublimidade Maior nos chama atenção para a complexidade sutil do ser, tanto na condição de encarnado ou desencarnado, e entre as reencarnações nas estrelas frias. Sabemos o motivo de vivenciar angústias, emoções, dores e enfermidades, que nada mais são resultados da nossa essência ter escolhido caminhos contrários ao amor e que nos levaram à deportação ou ao exílio nas estrelas geladas.

No entanto, a essência da ciência cósmica direcionada pelo Pai, acompanha os seres com objetivos de elevar todos no amor. Sua contribuição e a dos Mestres

Sublimes proveram as sociedades antigas, por muitos milênios, com intensos estudos e conhecimentos sobre as conexões do espírito com o macrocosmo e em como este estava inserido no microcosmo. Ainda dentro da essência da lei universal para a renovação mental dos seres, a Hierarquia Sideral os alertaram tanto para o critério das escolhas e o direcionamento da vontade quanto para a ordem do sentir, pensar e agir.

Suas programações e oportunidades de aprendizados reforçaram a tese milenar que todo espírito tem, em sua essência, a magnitude do amor único do Pai Maior e o conhecimento que Ele proporcionou ao ser desde a formação, todavia, este também teria o livre-arbítrio. Entre o tempo e o espaço e as diferentes dimensões reagentes a Lei do Um, o espírito deixou o berçário esplendoroso, vivenciou o tempo entre experiências e oportunidades, ganhou a liberdade de participar das programações elaboradas pela Hierarquia Sublime, nas estrelas de todo o Universo e passou a definir suas preferências no espaço interno de seu coração.

Em cada estrela, de acordo, com seu o caminhar e a frequência vibratória desenvolvida, foi construindo a bagagem e as lembranças desde o momento inicial, sendo que cada passo dado, revelava as pulsações que mais assimilou perante os aprendizados. Desse modo, a partícula atômica do ser foi e é envolvida no caminhar, para que a consciência adquirida na grande nebulosa fosse alterada conforme necessidade subsequente do próprio sentimento.

*Minha essência é formada pelas escolhas e conexões
felizes que caminham ao lado do Pai ou infelizes
que colocam em prática a indiferença e a destruição
do amor incondicional.*

Na imensidade das junções dos magnetismos, entre as conexões fraternas realizadas nas moradas, tornou-se claro qual o caminho cada ser queria seguir. Para quem adquiriu a fé e estabeleceu a certeza no Pai e na Sublimidade Maior, não existem dúvidas sobre o seu caminhar na complexidade do Universo e a existência da espiritualidade, por não existirem dois caminhos a serem percorridos, simultaneamente, o do sim e o do não, do lado leve e do lado pesado, o caminho estreito e o caminho largo, o mundo real e o mundo das ilusões, não existe o sentir a espiritualidade e o gostar das densidades inferiores.

Infelizmente, a capacidade intelectual do ser na Terra foi excessivamente reduzida, em razão das dúvidas e oscilações motivadas pelos sentimentos densos que compõem o magnetismo terreno. Com o acervo de memórias e lembranças restrito, paira a dúvida de qual caminho devemos voltar a percorrer, sendo que a maioria dos habitantes desta estrela não se interessa em questionar qual é a sua essência, esquecidos que são partículas do amor. Desse grande contingente de seres, sabemos que 5% dos habitantes dessa estrela são trabalhadores do Pai e 95% se envolveram em sentimentos densos antes do exílio.

Os trabalhadores do Pai, mesmo sob a influência do magnetismo terreno, como resultado de suas escolhas, refletem em sua essência, os brilhos e a leveza dos corações sublimes, por ela ser impulsionada pelas conexões envolventes do amor incondicional, nos trabalhos, estudos e conhecimentos dignos quer dão a liberdade. Suas essências, ao acumularem merecimentos, tornaram-se envolventes nas grandes partículas atômicas do Universo.

Todavia, o maior grupo de seres que querem ignorar o próprio coração, procuram sob o grande paradoxo de existir, o desconhecer, propositalmente, suas essências. É triste e revoltante para eles, reconhecerem que, em algum momento da caminhada, o sentir, o pensar e o agir se transformaram em sentimentos subterrâneos levando-os a gostarem das energias densas, por cujo motivo mergulhou em um abismo profundo. O ambiente da Terra causa grande tristeza em todo Universo, especialmente, quando um filho do Pai determina essa escolha para si, onde a sua decisão o direciona para um lugar tão doloroso.

Desse modo, a essência e o coração de cada ser na Terra sabem o que mais gosta em termos de sentimentos, entretanto, o Pai ofereceu a ele uma morada de reconstituição dos sentimentos, oportunidades e aprendizados. Isso permite que o ser analise sua essência com profundidade e, sem lamúrias, remorsos ou vergonha, determine a sua transformação, favorecendo o distanciamento das conexões e sensações densas, para um novo recomeço, assim como estabeleça, sem demora, a cura pelo conhecimento.

Busca da fortaleza universal

De posse do conhecimento dirigido ao coração da humanidade, que auxilia nas análises e autorreflexões e indica o caminho para a liberdade, devemos nos perguntar: como podemos transformar o magnetismo sublime que degradamos, voluntariamente, no passado para o sentir, pensar e agir alinhados ao amor absoluto? O que meu coração realmente busca? Como encontrar a fortaleza universal no meu caminhar e o que ela realmente representa?

No crepúsculo desta civilização que dirige os seres para o alvorecer dos sentimentos nobres e as vivências no amor, é importante compreender e direcionar o destino futuro, que até o momento vem sendo impulsionado por ilusões e sentimentos subterrâneos. Meu espírito, desde o berçário na nebulosa, contou com o auxílio de grandes equipes trabalhadoras do Pai e foi, aos poucos, sendo preparado para existir e viver com amor. Independente das escolhas que fiz a alegria irradiante imersa em amor profundo gira ao redor do meu eixo magnético nos pontos envoltório-magnéticos, na esperança de que eu acione o mecanismo da renovação.

O mecanismo do eixo magnético é o local a ser trabalhado, especialmente, o ponto 47, por exemplo. Ele está conectado a mente e ao coração e, é um local importante de indução de energias e muito auxilia durante as escolhas por reagir às frequências e sintonias. Se meu desejo é a saída da estagnação, ele reagirá rapidamente à energia sublime entrando em sintonia com os sentimentos superiores, que giram ao redor do eixo. Caso contrário, se não manifesto sinceridade nas transformações, permaneço estagnado e escravizado pelo próprio querer.

Outro ponto nos corpos sutis como o 80, que pulsa constantemente, sempre recebe raios sublimes que atingem o coração e assim faz com que os pigmentos de amor e auxílio enviados pelos Mestres da Luz Eterna, também girem ao redor do eixo magnético. O despertar para mudança, caso seja acionado pela vontade, conta, dessa maneira, com os raios sublimes que chegam ao coração a todo instante e, portanto, cabe a mim aproveitar e assimilar as partículas incentivadoras das mudanças.

O Universo sempre mantém sua ordem e firmeza com a determinação do Pai e de toda a Hierarquia Sideral. Vimos que os Mestres de Amor trazem em sua essência, a alegria e o amor incondicional fazendo que os estudos e o conhecimento, as experiências e as oportunidades, caminhem de acordo com as programações e tudo se alinhe aos princípios do Pai. A prática de todos é o amor, cujo sentimento é necessário para o caminhar em uma estrela densa e triste.

A maior força que um espírito pode ter na estrela que habitamos é acreditar no Pai e em seus princípios de amor. A partir do momento que eu não aceito a minha condição de exilado ou mesmo minha essência como espírito cósmico, não descubro quem sou e continuarei caminhando para o não cumprimento do que foi programado pelo Pai. Isso nos mostra que o psiquismo e o coração ainda não querem ser transformados, pelo contrário, os sentimentos inferiores ainda prevalecem nas ilusões tanto terrenas do mundo físico como naquelas que vivenciamos no mundo real.

Processos de dúvidas, angústias, desânimos e diversas outras oscilações são comuns em um ambiente como a Terra, onde os pactos com seres trevosos não são desfeitos de um momento para o outro ou de uma reencarnação para outra. Todos têm muita dificuldade em entender as emoções, as sensações e os sentimentos inferiores como os da inveja, tristeza, raiva, orgulho, ódio e outros e, principalmente, o de executar a mudança dos sentimentos, por serem vistos como 'normais' por toda a sociedade acostumada às frequências do magnetismo denso.

Milênios presos em sentimentos construídos com as próprias escolhas tornaram a permanência nos abismos profundos das ilusões que impedem o agir com coerência, a assimilação do conhecimento profundo da natureza universal, acostumados a não lembrar quão doloroso é estar em um ambiente onde as dores são atrozes e os desesperos geram urros de dores, trazendo lutas intensas para desconstrução de tantos pensamentos e sentimentos densos e tristes.

No Universo não existe o caminhar entre sentimentos densos e sentimentos sublimes, existe apenas um sentimento, que é o do amor. Ou estamos firmes e decididos a mudar o fluxo das energias densas que passam pelos pontos e conexões envoltório-magnéticas do ímã envolvente e provocam a estagnação do eixo magnético ou não queremos trabalha-lo. Também não existe o daqui a pouco ou as decisões deixadas para mais tarde, o que existe é uma oportunidade única, disciplinada e rígida no amor e, esta deve ser abraçada, o mais rápido possível.

Os mecanismos para a liberdade são colocados continuamente para todos, bastando apenas que acionem o eixo magnético com sinceridade, vontade e determinação. Estes mecanismos são regentes e reagentes, onde as energias do Universo são enviadas pelas conexões psíquicas sublimes de acordo com as programações. Motivados às reflexões sinceras devemos nos perguntar: qual seria o papel da vontade no momento da transformação verdadeira? Cada um tem a sua própria vontade e livre-arbítrio e eles começam na elaboração do que queremos, pois a vontade faz parte do grande eixo magnético do ser, localizado nas sequências e vibrações das energias tridimensionais formando o mecanismo coração e mente no dínamo de cada ser.

Desse modo, a energia que o Pai nos criou é contínua e de magnitude incondicional no dínamo espiritual, mas a minha essência é formada pelas escolhas e decisões que deliberei. Sob esse paradigma, o ponto de partida para a terminação da minha vontade e a busca da minha fortaleza é a transformação das forças, do sentir, do pensar e do agir, é lembrar de onde viemos, do lar cósmico que abrigam os caminhos que percorremos no espaço, do amor eterno, da célula familiar que construímos e da família que integramos, dos estudos e aprendizados das verdades eternas que ecoavam e ecoam nos espaços, de ter a certeza de ser partícula sublime do Pai.

A certeza de quem somos e a persistência na vontade trazem alegria e esta faz reagir os polos do eixo magnético envolvendo o complexo de pontos e conexões envoltório-magnéticas em pulsações e vibrações inimagináveis, que podem ser sentidas pelos Mestres do Amor e que reconstituem o magnetismo do amor infinito que o Pai inseriu no átomo cósmico. A vida única e real do espírito cósmico é a que ele domina em qualquer dimensão do Universo, em liberdade incondicional.

****

Exercício nº 5: O que meu coração realmente busca?

O ser tem em sua essência o magnetismo sublime do Pai e, em cada passo e oportunidade, essa energia grandiosa pode refletir em brilhos, amor e alegria. Todavia, as minhas escolhas e vontade me direcionaram para caminhos contrários ao Pai. Nem sempre reconheço que minha essência se envolveu nos aprendizados que tracei contrários ao amor incondicional. O magnetismo terreno formado por bilhões de corações em frequências vibratórias similares faz com que eu tenha dúvidas sobre tudo ao redor, quem sou e a minha origem sublime, mas meu coração sabe do que realmente eu gosto em termos de sentimentos subterrâneos. E é preciso conhecê-los para direcionar as renovações dos sentimentos.

Recomendamos os seguintes exercícios: procure ficar descalço em um jardim ou lugar calmo e tranquilo, se possível ouça uma música serena e agradável ou procure ouvir o som da natureza. Em posição confortável, tente entender o que o coração quer e o que busca para satisfazer essa vontade. Existem sentimentos de posse, poder, de querer 'turbinar' o desempenho no trabalho, aflição, angústia, tristeza? Qual deles é o mais preponderante? Qual é o segundo sentimento de maior vibração na alma? Tenho dependência por algo ou alguém? Com qual determinação estabeleço critérios para conseguir satisfazer meu querer contrário ao amor incondicional?

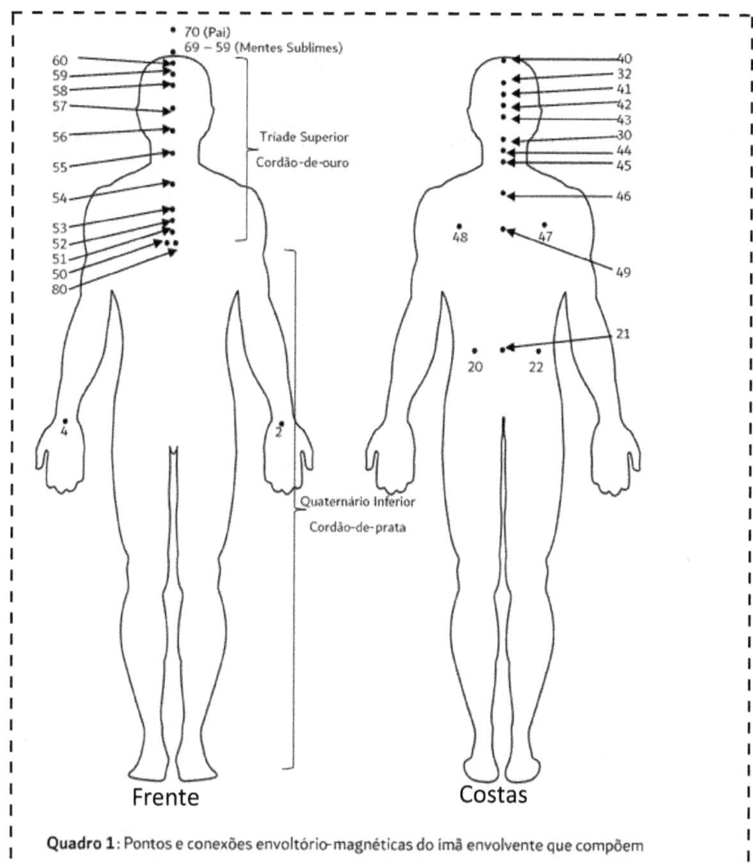

Quadro 1: Pontos e conexões envoltório-magnéticas do ímã envolvente que compõem a estrutura sutil do espírito cósmico. De modo ilustrativo, os pontos de números 70 a 50 foram inclusos.

Umbanda e os caminhos do espírito: Perguntas e respostas

Entre o tempo e o espaço, o sentir, o pensar e o reagir do espírito recebem os brilhos universais promovendo as explosões das luzes-cores para as transformações, psíquica e do coração.

6

Brilhos universais do amor

A sublimidade dos brilhos da Umbanda perpetua no Universo realçando o conhecimento e a ética, cujos valores e conteúdos o Pai nos passa nos conceitos absolutos.

Pai Joaquim de Aruanda, neste capítulo, nos leva a refletir sobre a dolorosa realidade dos habitantes da Terra, ao direcionarem o sentir, o pensar e o agir por vontade própria para impulsionar os psiquismos a se distanciarem dos sentimentos, enquanto mergulhavam no magnetismo inferior, esquecendo que é pelo coração e o amor que todos caminham em direção ao coração do Pai. A inteligência humana sem os princípios e valores éticos e virtuosos que dirigem o desenvolvimento das emoções e sentimentos do amor absoluto, torna-se estéril impedindo o espírito de equilibrar seu eixo tríplice magnético nos mecanismos magnânimos de unificação de cada ser ao Eixo Magnético do Pai.

Nos circuitos de amor do Universo por tudo pulsar, vibrar e brilhar em consonância com o Magnetismo do Um, enquanto, o espírito usufrui das benesses das partículas de amor amparado pela família cósmica e amor eterno, o livre-arbítrio deve ser utilizado de modo contínuo e retilíneo para a aquisição dos valores educativos do conhecimento único, ética e fraternidade. Ao se tornar livre no direcionamento de seus caminhos futuros, ele poderá colher os frutos de seu próprio esforço e brilhar no Universo, espargindo partículas de amor.

Entretanto, mesmo que decida agir de modo contrário ao amor e utilizar seus direitos e liberdade para infringir as leis universais, o espírito jamais será punido ou castigado, pois, o Pai providencia métodos específicos de reeducação, fazendo-o retornar aos mundos superiores e ao conforto da família. Os Mestres da Umbanda perante o determinismo imposto pelos sentimentos de baixa frequência vibratória e presente em 95% de encarnados e desencarnados que congrega a triste realidade da Terra, ainda distante do amor absoluto e incondicional, vêm ampliando o magnetismo dos grandes ensinamentos por meio de intuições, escritas e palavras deixadas nos psiquismos e corações para as reações contínuas aos grandes passos evolutivos.

A Umbanda é o fortalecimento de todos os princípios e essências contidas nos conceitos eternos e estes alimentados pelas energias envoltório-magnéticas e as conexões psíquicas da sublimidade maior, estimulam e impulsionam as reflexões e os debates filosóficos buscando atender as necessidades dos espíritos para a aquisição sólida do conhecimento.

Este conhecimento precisa ser ordenado com o auxílio dos estudos da filosofia que fazem reagir os sistemas dos eixos magnéticos e, em consequência, as junções das energias que se movimentam no eixo de cada ser promovem leveza e liberdade, ou seja, as reflexões fazem circular as energias em torno do eixo impulsionando os pontos que levam as transformações e reabilitações. Surpresos ante a magnanimidade da filosofia, perguntamos: seria a filosofia ou modo de pensar que movimenta a energia mental impulsionando o eixo magnético? Sim, depende do tipo das reflexões – se ela for nobre, impulsiona o eixo para a sublimidade, caso contrário, auxilia na paralisação em baixas frequências vibratórias, nos esclarece Pai Joaquim de Aruanda.

Um grande paradoxo foi estabelecido na sociedade sobre a presença imortal da alma em um Universo finito no tempo, limitado no espaço, com tendências a autodestruição por 'morte térmica', 'decomposição à vácuo' ou 'grande implosão'. Em que período psíquico os seres na Terra serão capazes de transformar esse paradoxo no paradigma de que o Universo é um lar infinito e cheio de amor, repleto de almas alegres que compartilhem com o amor eterno, a família cósmica e universal, as experiências e vivências na eternidade?

Pai Joaquim de Aruanda:

— A coletividade de seres exilados (95%) que está na Terra, exceto o grupo de trabalhadores do Pai (5%), tem a característica dos espíritos classificados como imperfeitos, ou seja, são espíritos que desequilibraram o eixo magnético ao permitirem que os pontos de energias fossem bloqueados com energias magnéticas degradadas. Como resultado, nas atitudes dos seres predomina a matéria sobre a questão do espírito com sintomas profundos de deformidades na alma. Essas deformidades resultam em psiquismos deteriorados pela subjugação dos sentimentos que os levam a proceder de modo egoísta, maldade, avareza, inveja, cólera e indiferença ao amor incondicional e ao conhecimento sublime.

Entre os acadêmicos, os paradoxos presentes na ciência, filosofia, religião e artes evidenciam essa indiferença e, propositalmente, não se observa ligações profundas éticas e virtuosas entre as áreas do conhecimento humano e as do mundo real. Seus conceitos se digladiam, constantemente, espalhando rancores, preconceitos, separatismos, ideias ilusórias e deturpadas, de todo o contexto do Grande Sistema Cosmológico Universal.

Nesse âmbito triste, a sabedoria universal e os conceitos eternos deixados pelos Mestres do Amor são repassados à sociedade de forma incompleta e confusa; envolvendo teorias e questões científico-filosóficas, que se misturam com noções falsas e ilusórias, preconceitos e limitações, que caem por terra ou se alteram constantemente. Existem poucas concordâncias entre os temas discutidos porque os psiquismos deteriorados tentam desconstruir ideias nobres ou novas propostas que conduzem ao progresso, impedindo que estas floresçam e passem a disseminar o conhecimento único e retilíneo deixado pelos Mestres da Umbanda.

Por ser a transformação do saber de caráter individual, os seres exilados que já estão resgatando a sublimidade de sua origem e compreendendo o significado de ilusão material, recebem dos Mestres do Amor, as partículas ímãs do amor, altamente vibrantes, em seus eixos magnéticos para recomposição dos pontos de energias e, desse modo, voltarem a se conectar ao amor incondicional e caminhar ao lado do amor eterno, da família cósmica e universal. De suas moradas e das famílias, a junção das energias sentir do amor se conectam no espaço e também se transformam em raios velozes que chegam ao eixo magnético destes seres.

Àqueles que recusam as mudanças de sentimentos, outros lares no Universo infinito os aguardam para novas recapitulações de conhecimentos e o momento do despertar, em cuja etapa, os procedimentos da libertação adotados pelos Mestres da Umbanda se repetem.

Se o Universo é um local de valores, princípios e normas morais, sociais e espirituais baseados na ética cósmica e na Lei do Um, por que na Terra eles são deturpados para impedir a liberdade do espírito?

Pai Joaquim de Aruanda:

— Desde o processo da criação do espírito, no berçário e, depois, em seu caminhar entre estrelas, todas as vivências indicam que os espíritos estarão sempre imersos nas energias primordiais. O Universo é luz, paz e harmonia e nele todos progridem impulsionados pela Lei do Um e por partículas vibrantes e pulsantes de amor. Isso é fato inquestionável e imutável!

Todavia, o Pai dá o direito ao espírito de escolher suas experiências e ampliar os valores éticos e morais, trabalhos e estudos para o aperfeiçoamento em um Universo repleto de princípios e valores nobres, coordenados com precisão pela Hierarquia Sublime, de modo que ele evolua consciente de seus atributos, direitos e deveres. Infelizmente, a maioria dos exilados na Terra, por indiferença adquirida ao amor, após centenas de milênios ainda recusam compreender o que a Umbanda vem lhes trazendo em termos de conceitos nobres na ciência, filosofia, religiosidade e artes.

Por serem irmãos universais presos em seus próprios sentimentos subterrâneos, seus eixos magnéticos têm sido observados pelas Mentes Sublimes e os pontos de energias que continuam obstruídos, impedindo a reconexão com a realidade una, vêm recebendo raios de luzes-cores com precisão e objetivos específicos, segundo a necessidade de cada ser. No momento que o ser desejar obter sua liberdade, a unificação da Umbanda Universal, direcionada pelo Pai Maior, o auxiliará com o grande magnetismo, ao acoplar as virtudes e a ética em seu coração.

Sabemos que em todos os espaços do lar universal, os brilhos, os ventos, as cores, os sons e os aromas suaves provocam emoções pelas belezas e odores magnânimos que constroem. Os espíritos, ao sentirem atração por energias degradadas enviadas por seres perversos, não sentem tristeza em esquecer as belezas sublimes e o amor que os envolvem?

Pai Joaquim de Aruanda:

— O eixo central do espírito é uma criação do Pai e como ímã magnético recebe continuamente as energias primordiais fazendo-o girar em 360º, em movimentos de alta velocidade. Através dos pontos de energia, ele também capta as energias dos sentimentos de indivíduos que estão presentes no espaço onde se encontra e são captadas pelo seu coração, atraindo as afinidades. Enquanto o ser continuar alimentando o seu eixo magnético com as energias radiantes do amor, ele continuará progredindo, visualizando as belezas, sons e odores, enquanto sente, em seu coração, a alegria de viver o amor eterno e o da família cósmica.

Todavia, a atração magnética, visto que o eixo é um ímã envolvente, tanto pode ser de energias elevadas quanto de baixa densidade vibracional. Estas últimas energias enviadas por seres maléficos vão aos poucos se misturando com as energias sublimes e muitos seres passam a gostar de suas sensações. Vagarosamente, quanto mais energia densa circular no eixo em volume e frequência, menor vai ser a velocidade do eixo, até estacionar em 60º de rotatividade. Quando o eixo chega nessa posição, o ser esqueceu, completamente, a existência e a beleza do Universo e os familiares amados.

As deformidades das mentes e corações não são esquecidas pela sublimidade maior, pois, enquanto as sintonias perversas vão aumentando a quantidade de energia, os Arcanjos, os Mestres do Amor e os familiares vão aconselhando o espírito a persistir no caminho do bem. No entanto, essa energia densa é semelhante à atuação das drogas ilícitas e vão, aos poucos, hipnotizando o ser. Por esta razão, quando as Mentes Sublimes recomendam vigiai e orai é para evitar que as energias densas afetem o girar do eixo e destruam as energias sublimes, cujo processo de tristeza só será revertido com o auxílio de dores profundas.

Durante séculos, a criação dos espíritos tem sido considerada como 'um mistério' em algumas religiões. Por qual razão esse 'mistério' ainda não pode ser revelado? Como os Mestres da Umbanda pretendem auxiliar para que essa revelação e termine com o 'mistério' e se transforme em conhecimento nobre e na certeza de que o Pai cria espíritos e estes povoam os mundos sublimes do Universo?

Pai Joaquim de Aruanda:

— O quadro psíquico dos seres exilados na Terra que, em sua maioria, recusam qualquer mudança de sentimentos e a saída da estagnação e hipnose, favorece a manutenção dos 'mistérios' e outras de deformações do conhecimento. Todavia, em trabalhos incansáveis nos últimos 3 mil anos, os Arcanjos, Cristos, Logos e os Mestres da Umbanda vêm auxiliando, arduamente, os exilados na Terra. Só há uma maneira de exterminar a ignorância que gera o 'mistério': é o estímulo à aquisição do conhecimento nobre e salutar sobre a origem do Universo e dos espíritos e o porquê da existência destes.

Os Mestres da Umbanda, nesses últimos milênios, se aproximaram um pouco mais dos irmãos universais imersos nos sentimentos subterrâneos. O objetivo é levá-los a compreender as leis e as forças que regem a natureza una, como também, a Lei do Amor na qual está inserido o porquê e como o Pai cria os espíritos e a importância de cada um no contexto do Magnetismo Absoluto.

Por se aproximar o período de desocupação desta morada, o objetivo é o de reintegrar todos ao convívio de seus familiares e amores eternos. Um grande alinhamento psíquico da alta Hierarquia Sideral se faz presente em todas as dimensões da Terra para a grande conclusão que leva a liberdade cósmica, contando com o auxílio de feixes de luzes-cores e estudos profundos dos conceitos eternos. Quem abrir o coração poderá sentir esses corações gloriosos e compreender que no Universo não há mistérios, apenas a ignorância predomina nos corações gelados.

A Umbanda visualiza diferenças entre o livre-arbítrio, o querer e o vitimismo? Como os Mestres da Umbanda se propõem a auxiliar os espíritos a reajustarem essas energias importantes para o retorno ao coração do Pai e caminhar no Universo?

Pai Joaquim de Aruanda:

— O espírito é livre para escolher suas experiências e métodos educativos que permitem determinar o seu querer e vontade e se tornar responsável pelo seu próprio destino. Se o espírito decide permanecer nos planos superiores e venturosos do Universo, ele se sentirá em eterno estado de alegria e liberdade. Ele tem a plena consciência de que se a sua liberdade de escolher e o querer o levar para as experiências nos mundos frios e tristes, sua alma tornar-se-á enfermiça. As construções filosóficas realizadas pelos Mestres da Umbanda o capacitam para escolher e tomar decisões com o conhecimento.

Alguns espíritos, mesmo cientes das consequências, prosseguem nas decisões tristes para mais tarde adotar o papel de vítima. O vitimismo é consequência do distanciamento dos sentimentos nobres e gera a distorção da realidade una, a petrificação do coração, o congelamento das emoções sublimes e a fragmentação do eixo magnético. O espírito tem a mente destruída pelo próprio querer, vive em estado de egocentrismo e não assume as suas atitudes.

Com o coração mergulhado no egoísmo profundo, deturpa os conhecimentos porque nada aceita, reflete e analisa com coerência. Ele expõe o autorreflexo em todas as opiniões e situações, com sua própria mente perpetuando na autoflagelação e seus caminhos constando incoerência e suposta culpa. Esse mecanismo apresenta no espírito uma profunda tristeza, por ser um ato de decadência no intelecto e no psiquismo, pois ele suborna o próprio coração.

Todavia, os Mestres da Umbanda compadecidos desses quadros alienantes e tristes, auxiliam esse processo com os estudos e o conhecimento da origem do espírito e da natureza una cósmica. Tendo nos tornado vítimas, seres satânicos ou seres demoníacos, o despertar de cada um e a desobstrução dos pontos de energias do eixo magnético será de acordo com o livre-arbítrio e a vontade permitindo a transmutação de energia para o envio contínuo da energia sublime, pois a liberdade começa a partir do desenvolvimento da atuação nas escolhas. O Pai dá a todos as mesmas oportunidades, por sermos donos de nós mesmos.

Os Mestres da Umbanda trabalham ativamente no envio de feixes de luzes-cores para berçários de espíritos, para almas tristes nas estrelas frias, a recomposição dos corpos sutis e da natureza física. Quem deu essas atribuições a eles?

Pai Joaquim de Aruanda:

— Os sábios Mestres da Umbanda são espíritos que escolheram seguir a Grande Mente do Amor e integram a hierarquia dos espíritos sublimes. Eles alcançaram a liberdade incondicional e a perfeição máxima pelos trabalhos e estudos árduos, constantes, consistentes e realizados durante bilhões de anos, tornando-se merecedores de serem cocriadores do Pai e eficientes trabalhadores na escala hierárquica sublime.

Em todas as regiões do Universo, onde se faz necessário, e, de acordo com as programações dos Arcanjos, eles estão presentes, em profunda alegria, levando os feixes de luzes-cores e os tons da sabedoria, da lei cósmica, do amor fraterno e as energias sublimes para transitarem em todas as células, partículas, sentimentos e conexões psíquicas para o alinhamento dos seres, das galáxias, das estrelas, etc., ao coração do Pai e em benefício da harmonia do Universo.

Por que os seres humanos ignoram completamente a família cósmica e o amor eterno, mas procuram amparo nos anjos de guardas, mentores, protetores, devas, deuses, entre outros?

Pai Joaquim de Aruanda:

— Pelas razões já comentadas, que são as escolhas direcionadas pelo querer triste que degrada o eixo magnético. Ao congelarem seus corações, adentrarem as profundezas do vitimismo e esquecerem seus familiares e amor eterno, apresentam-se como mendigos espirituais que tudo querem receber sem qualquer esforço de trabalho ou estudo. Nesse processo utilizam os familiares e os Mestres do Amor como 'despachantes de suas vontades', com poucos agradecimentos ao que foi concedido.

Apenas o contingente de seres que já iniciou o processo da transformação do eixo magnético é capaz de compreender quem são os seres que auxiliam, incondicionalmente, e os papéis executados pelos extraordinários e magnânimos Mestres do Amor. Todos os seus atos são os reflexos do amor grandioso que brilha em seus pulsares e se transforma em envios contínuos dos tons do amor incondicional chegando para auxílio, para que a luminosidade do ser desabroche na Unidade Universal.

Os Mestres da Umbanda ensinam os seres humanos a redescobrirem o significado das energias tridimensionais por meio das práticas do sentir os sentimentos e do ouvir o som da mente? Esse treinamento dá força interior ao espírito e o impulsiona a conhecer a verdade eterna que o envolve?

Pai Joaquim de Aruanda:

— As programações que envolvem o ser humano a se autodescobrir, perceber o sentir dos sentimentos e os sons promovidos pelo coração e mente são práticas antigas e foram amplamente executadas com muita sabedoria, em todos os períodos da magnífica civilização de Atlântida. Muitos irmãos exilados conseguiram perceber a escuridão do desamor e sentir a paz do amor em suas almas. Também distinguiram que o ego aviltado no desamor transforma a mente em um lugar barulhento e agitado e o coração num agente desrespeitoso ao amor, capaz de praticar injustiças e vilanias.

Os exercícios magníficos ministrados pelos Mestres da Umbanda para a percepção dos sons internos e próprios da alma continuam sendo intuídos aos seres humanos para acalmar e clarear seus complexos sutis. É preciso muita percepção e reflexão no momento atual para o espírito não se perder no intrincado conjunto das conexões psíquicas tristes.

Quanto mais aproximamos do evento de desocupação da Terra, dela retirando seres resistentes às mudanças de sentimentos, maiores são as dúvidas, aflições e agitações internas do coração e da mente que surgem nos seres. Isso se dá em razão das diversas sintonias magnéticas que surgem durante as limpezas programadas pelo Pai, envolvendo o evento em si, o alinhamento do eixo magnético do indivíduo e da Terra, as conexões densas contrapondo ao chamado sublime dos familiares para o retorno dos seres aos seus lares e a unificação de todos no amor.

Independente do barulho existente na mente e no coração, quando o ser assim o desejar, a conduta disciplinada e consciente associada à dedicação, à força e à vontade para o despertar das ilusões da matéria sensibiliza o eixo magnético. Por essa razão, é importante reafirmar as teorias e práticas adotadas nos estudos, no contato com a natureza e nos métodos que acalmam a mente e o coração, cujos instrumentos elevam e sublimam o ser humano.

Por que a simplicidade e a humildade associada ao aperfeiçoamento contínuo formam um conjunto de palavras e atitudes que pode estimular os seres a buscarem o retorno ao convívio de sua família cósmica e amor eterno?

Pai Joaquim de Aruanda:

— Após milênios imersos nas agitações do magnetismo degradado que foram sensibilizando os órgãos sensoriais e extrassensoriais para o sentir, o pensar e o agir nos ambientes perigosos da matéria densa, é natural desconhecer o pulsar e o vibrar nas energias sublimes.

Para que as renovações do despertar ocorram é preciso realimentar os pontos envoltório-magnéticos do eixo magnético para se lembrar de sempre quem é e de onde veio. Essas ações associadas à essência do sentir da simplicidade e da humildade em reconhecer e agradecer pelos sons expressos e verdadeiros da mente e do coração que é um espírito cósmico, filho do Pai e criado para a eternidade e o infinito dos mundos alegres e sublimes, fazem pulsar para o amor, no eixo magnético em que ficou estagnado no desamor e o retorno ao amor eterno e a família cósmica.

Se os sons das palavras e os seus efeitos nos psiquismos e corações dos seres humanos fossem estudados pelos acadêmicos com critérios nobres, virtuosos e éticos, poderiam auxiliar no despertar para a liberdade?

Pai Joaquim de Aruanda:

— Quando o baixo teor vibratório do magnetismo for, aos poucos, sendo substituído pela luminosidade energética do amor, afastando a escuridão que envolve os seres na Terra, os acadêmicos vão aprofundar os estudos na complexidade do ser humano. Como qualquer construção no Universo, o espírito resulta da união de átomos que formam extensas redes de energias cujas configurações vemos como formas. A constituição do espírito, especialmente o eixo magnético e o ímã envolvente que são mecanismos centrais de cada forma, estão sujeitos às pulsações e às vibrações que o envolvem nos ambientes interno e externo. Todas as ações e o pensar no espírito começam e terminam no sentir.

Infelizmente, os seres humanos na Terra não apresentam a sensibilidade para o sentir e o pensar para os sons sublimes e a compreensão das conexões psíquicas e sonoras que transitam no lar cósmico universal. Os acadêmicos, ao direcionarem suas pesquisas para os efeitos e reflexões produzidos pelos sons das palavras no sentir de cada ser, condizentes com os valores nobres com que cada alma foi criada e conduzida pelas Mentes Sublimes, se surpreenderão com as construções do magnetismo.

Eles irão perceber que, junto ao magnetismo envoltório, outros tipos de magnetismo, como o suave e o absoluto, são junções de energias que atraem as partículas do amor e dá estabilidade às construções celulares e, é também capaz de sensibilizar com sabedoria, a organização dos corpos do espírito e recompor o eixo, em razão de sua presença no momento inicial da construção do átomo-espírito.

Desse modo, os sons das palavras e as letras de suas composições, que circulam em ondas magnéticas, que acalmam ou estimulam os sentimentos, pensamentos e ações para o amor, tornam-se instrumentos magnânimos para os seres deixarem a alienação mental, a hipnose ou a fragmentação, para trás.

Dentre as infinitas programações do Pai e Mentes Sublimes em andamento no âmbito da Terra, quais delas, nesse momento, estimulam a percepção do que ocorre no mundo real?

Pai Joaquim de Aruanda:

— As programações do Pai, em todos os cenários da Terra, tiveram como objetivo, demonstrar a existência do mundo real. Um dos reflexos das atividades contidas nas programações do despertar do espírito é verificado nas questões que envolvem os sonhos. Todos os seres na terra sonham, mesmo que digam o contrário. A maioria dos seres humanos, ao longo das eras, demonstra grandes preocupações com as interpretações dos sonhos, mesmo assim, poucos aproveitam das conversas tidas com seus familiares durante os encontros que se sucedem no mundo real, enquanto o corpo físico dorme e recupera suas forças orgânicas.

Outro mecanismo utilizado pela Hierarquia Sublime é a mediunidade ativa ou passiva. Trazendo informações na ciência, filosofia, artes e religiosidade e, também em outros segmentos da sociedade como estímulos para se buscar a existência da vida nas estrelas, a mediunidade tem sido a porta aberta aos diálogos entre os seres nos dois mundos. Ela é a luz em curso na Terra que vem brilhando em todas as regiões para a desconstrução das sombras espessas que envolveram os seres e esta estrela.

A mediunidade será um importante atributo na vida transcendente dos seres humanos. Nesse âmbito de união entre os dois mundos, encarnados e desencarnados, a mediunidade passiva ou ativa, quando utilizada para as belas realizações do progresso e o pulsar das almas no amor, é como se fosse os raios luminosos do Sol com seu conforto e calor a lembrar das alegrias e venturas de cada alma ser um espírito cósmico livre e vibrante no amor do Pai.

Entre as conexões de baixas densidades observadas na Terra, como podemos definir obsessores e obsediados?

Pai Joaquim de Aruanda:

— Uma das forças mais destrutivas para o espírito é a união pela própria escolha das energias do sentir, pensar e agir do eixo magnético com outros eixos magnéticos e energias que pulsam em frequências vibratórias baixíssimas, presas às ilusões materiais e as forças primitivas do instinto. O processo de conexão e sintonia psíquica distante do amor, que partiu do seu eixo magnético, resulta nos quadros tristes das obsessões e estão fortemente integrados aos mecanismos da alienação mental e hipnose.

Esses eventos distantes das virtudes e da ética universal trazem enormes prejuízos aos envolvidos, pois 'quem com ferro fere, com ferro será ferido', conforme nos alertou o Consolador. Não há injustiças durante o caminhar no lar cósmico e ninguém pode ser enganado, perseguido ou injustiçado sem ter cometido prejuízos a outrem, porque 'aqueles que semeiam iniquidades, colhem sofrimentos'.

As cobranças entre obsessores e obsediados não surgem ao acaso ou de qualquer modo e, apresentam conexões seculares ou milenares, em razão dos pactos terem sido feitos para a obtenção de vantagens ilusórias em que, em um período, um saiu vencedor e o outro vencido, gerando círculos viciosos. A alienação psíquica dos seres interpretando, momentaneamente, o papel de vencedor ou vencido, no qual alguém se acha no dever de 'cobrar quem deve', cujos planos de vinganças podem se perpetuar e chegar ao alcance dos magos negros que tudo espreitam, aproveitam e destroem ainda mais o psiquismo dos seres imaturos.

Por se tornarem, obsessores e obsidiados, espíritos endurecidos onde o ódio, o ressentimento e a intolerância são os sentimentos que comandam o sentir e o coração, as atividades de destruição, de um lado e de outro, prosseguem, intensamente, nos dois mundos e, só terão fim, quando um ou mais integrantes se conectarem nas energias magnéticas do amor incondicional. Essas conexões, feitas com a sinceridade dos corações, vão, aos poucos, destruindo a rede sutil de baixa densidade que faz as junções dos eixos magnéticos, chegando até os magos negros que também as alimentam.

Como as reuniões mediúnicas podem auxiliar os tristes quadros de obsessão que desequilibram as sociedades no âmbito das estrelas geladas?

Pai Joaquim de Aruanda:

— Em duas instâncias diferentes, as reuniões mediúnicas e o intercâmbio com o mundo real, amparadas pelos estudos e disciplinas crísticas, podem amenizar as dores e os sofrimentos que se perpetuam na Terra. Uma delas é quanto ao auxílio aos seres portadores da mediunidade ativa, que sob a ação de entidades cruéis e vingativas, iniciam o despertar biológico da mediunidade. O médium, ao cumprir a programação de seu despertar, por meio da evangelização entre encarnados e desencarnados, em vista de seu interesse na transformação dos sentimentos, realiza extraordinários benefícios de reabilitações em todos os seres envolvidos.

Em outra circunstância, os médiuns conscientes de suas tarefas e necessidades de transformações, ao despertarem para o intercâmbio com os Mestres do Amor, realizam prodígios junto aos irmãos desvairados na loucura e alienação mental. Os quadros obsessivos na Terra são extremamente graves e exigem o respeito, a dedicação e a boa vontade dos médiuns para que estes quadros dolorosos, que envolvem tramas, vinganças, desforras e ódios intensos, se desfaçam pelo amor.

Os obsessores não podem ser afastados abruptamente de seus obsediados por meio de ordens severas, ou de palavras inócuas de sentimentos proferidas em uma única reunião mediúnica. Eles podem se manifestar de outra forma, de modo mais agressivo, ferindo, por outros milênios, os envolvidos nas tramas sórdidas da indiferença ao amor.

É possível observarmos quadros obsessivos entre os trabalhadores do Pai?

Pai Joaquim de Aruanda:

— Não existe essa possibilidade porque o fenômeno da obsessão, que envolve obsessor e obsidiado, resulta do descumprimento da Lei do Amor e o concurso de corações que se distanciaram do coração do Pai. Os trabalhadores do Pai são seres que há muito vivem em liberdade no Cosmo e sabem dominar as energias e as ilusões materiais em prol do amor.

As calamidades que surgem da obsessão foram criadas milênios antes, quando os envolvidos nas tramas diabólicas sintonizaram energias densas permitindo que estas afetassem os pontos envoltório-magnéticos e desequilibrassem seus eixos magnéticos. As forças magnéticas, degeneradas pelo sentir, pelo pensar e pelo agir, trazem consequências dolorosas de enfermidades como: oportunismos, intolerâncias, egoísmos, depressões, desvarios sexuais e corrupções de toda ordem.

A convivência com seres pertencentes a esse padrão de faixa vibratória acarreta prejuízos e perturbações nos lares e locais de trabalho, vampirismos, vitimismos e, outros fatores, que resultam em obsessões e na necessidade da reabilitação em conformidade com a Lei de Causa e Efeito. Perante estes quadros dolorosos, verificamos que os trabalhadores do Pai, por terem se transformado em seres pulsantes no amor incondicional, não poderiam ser agentes das forças da escuridão. Todavia, durante os trabalhos na Terra, eles são, ininterruptamente, assediados por entidades obsessoras presentes no mundo real as quais provocam transtornos de toda ordem para que estes Mestres do Amor não consigam deixar o conhecimento que cura e liberta.

A alienação mental e a hipnose poderiam ser sanadas e o espírito voltar à vida normal no Cosmo, se orações sinceras partissem de seu coração, no dia a dia da Terra?

Pai Joaquim de Aruanda:

— O magnetismo do amor é um mecanismo poderoso e está presente em todos os átomos, feixes e ondas de energias no Universo. O ser humano, ao proferir uma oração sincera, demonstra que as decisões de suas escolhas começam a se direcionar para o retorno ao lar cósmico. A oração sincera irradia para o Universo como se fosse delicado aroma e atinge os corações de todos os seres que guiam os passos do espírito errante.

Quando as orações se repetem com determinada frequência e pulsação comprovando a sinceridade de seus propósitos, o Pai e a família universal que aguarda o seu retorno, vão igualmente respondendo com alegria a esses pedidos e enviam, em retorno, feixes de luzes-cores saturados pelo magnetismo incondicional. O encontro dos dois magnetismos pela força da atração no amor provoca reações e explosões de alta frequência no eixo magnético do espírito. O sentir da alegria em seu coração, ao perceber que suas orações foram recebidas pelos seus familiares, eleva o seu sentir e a frequência de suas ondas mentais impulsiona-o cada vez mais para o despertar.

****

Exercício nº 6: Sentir o coração e os sentimentos

As energias do sentir, do pensar e do agir são a base de movimentação do eixo magnético e este é o mecanismo que estrutura sentimentos, pensamentos e ações do espírito, de acordo com o seu livre-arbítrio e vontade. Por termos perdido a sensibilidade de sentir as energias sublimes e o sentimento, é preciso analisar o sentir e o gostar das energias degeneradas, de modo a ir renovando os sentimentos densos originários de nossa própria vontade e querer.

Recomendamos os seguintes exercícios: durante as atividades e convivências diárias, procure perceber quais sentimentos densos afloram com mais intensidade no coração. Por exemplo, são os impulsos da vaidade, do poder, da inveja, do egoísmo, ou são outros que abrigamos, secretamente, no coração. Busque um ambiente tranquilo e, se possível, permita ter 30 minutos por dia para impedir ou repensar esses sentimentos que surgem durante as situações que os estimulam ou os favorecem. É preciso também dedicar alguns minutos por dia, com disciplina e determinação, aos estudos da alma e aos conhecimentos sublimes porque só o conhecimento cura e liberta o espírito da escuridão de si próprio.

7

Conexão magnética da alma

O envolvimento dos corações, entre estrelas vibrantes, encontram nas conexões e programações disciplinadas, o equilíbrio energético do imã envolvente e a sabedoria da Lei do Amor.

A metafísica sublime, base do conhecimento único, repercute na imensidão do Universo, impulsionando os seres para as reações do Magnetismo Absoluto, assim como o leva a olhar seu próprio coração e sentir o reflexo de sua alma. Uma alma, ao utilizar esse recurso para autoanálise, várias reflexões devem ser elaboradas para que ela possa despertar sua dormência, como: o que o espírito sente e 'vê' internamente? Ela é capaz de sentir seu coração conectado ao seu pensar e ao seu agir? É capaz de sentir os brilhos que partem dessa conexão? Ou seu coração está confuso, incerto e triste? Seus passos sedimentados nas verdades eternas caminham para o grande amanhecer do Universo? Ou está imantado a esta estrela fria, como se não houvesse outra forma de viver?

Ela se sente bem ao desprender do corpo físico durante o sono? Para onde se dirige? Com qual mundo seu espírito sente afinidade? Ela acredita em programação e reencarnação?

Pai Joaquim de Aruanda, respondendo a essas perguntas associadas a outras, nos leva a refletir sobre a loucura que se apossa da alma quando ela fecha os olhos ao coração do Pai. Imersa no mais profundo sono, ela só despertará pelo mecanismo filosófico das reflexões do amor. Os mecanismos das reflexões resgatam, em todo o circuito do dínamo espiritual sequestrado na inferioridade do sentir, a rotatividade das energias tridimensionais que impulsionam o eixo magnético.

Em sua bondade, o Mestre do Amor nos alerta para a importância das reações constantes que devem estimular o desenvolvimento do eixo magnético e dos corpos sutis do espírito. Esses veículos circulam, entre o tempo e o espaço, em todas as dimensões, estabelecendo em cada passo, os brilhos que dão leveza à alma.

A Umbanda e seus Mestres Universais são agentes dos grandes brilhos do coração do Universo para o despertar das almas indiferentes ao amor absoluto. Os trabalhos e os auxílios entre as materializações e desmaterializações na matéria densa são contínuos e abrangem uma variedade infinita de técnicas que são repetidas de inúmeras maneiras para que haja assimilação do conhecimento único.

Preso no magnetismo inferior será necessário atingir os pontos envoltório-magnéticos do ímã envolvente, voltando a equilibrar os dois polos do eixo magnético e recompor o magnetismo dos corpos sutis deteriorados. Isso faz com que todos nessa condição relembrem que são partículas sublimes criadas para uma vida de alegria onde a beleza energética das luzes-cores sublimes unem todos os eixos magnéticos em vivências harmoniosas e de profunda paz. Uma paz bem diferente da Terra, que é momentânea, nunca duradoura e sujeita a desaparecer, frente às tristezas profundas que surgem em todos os momentos.

Como a Umbanda contribui para que os esplêndidos conhecimentos e os belíssimos estudos da Filosofia do Um circulem no circuito magnético do ímã envolvente, estimulando a reordenação do progresso dos espíritos que desistiram do amor?

Pai Joaquim de Aruanda:

- Os Mestres Universais da Umbanda atuam em várias frentes de trabalho, de acordo com as programações do Pai, sempre inserindo na filosofia, artes, religiosidade e ciência, os conceitos pertinentes aos princípios e valores universais. Mesmo nos indivíduos que estão longe de qualquer uma dessas áreas acadêmicas do saber humano, os Mestres atuam das intuições, desdobramentos e vivências fraternas, pois os seres humanos, ignorando inconscientemente, vivem em dois mundos e não há como repassar os conceitos das renovações.

A característica de 95% dos habitantes de uma estrela fria é a indiferença ao amor e o apego às ilusões que cegam o espírito para a sublimidade, por isso, tentam não perceber que são auxiliados, continuamente, para o despertar da alienação. Nesse âmbito, ainda que o indivíduo se considere ateu e não atue em nenhuma das áreas do saber humano, sempre receberá dos Mestres, de sua família cósmica e do amor eterno, feixes de luzes-cores que o estimule a sair da condição triste que se encontra. Lembranças de algo bom e sonhos intrigantes são alguns dos estímulos utilizados pela sublimidade.

O Pai respeita a alma indiferente que utiliza de seu livre-arbítrio para desprezar as regras morais e éticas do convívio social cósmico. Todavia, após esgotarem-se várias medidas de auxílio, outras forças e leis universais, igualmente importantes, entram em ação para a contenção da violência e criminalidade que, infelizmente, esses sentimentos tristes geram, por exemplo, o degredo para estrelas mais geladas ou auxílio, junto àqueles aos quais a alma se associou.

Vimos que as energias do sentir e pensar são vibrantes em todo o eixo magnético do espírito, se tornando mananciais de forças criadoras e transformadoras. Os Mestres da Umbanda promovem estudos nas estrelas sobre os pontos envoltório-magnéticos, as circulações das energias no eixo magnético e a importância de se observar as sintonias que surgem durante as programações de aprendizado que podem alterar o mecanismo do dínamo?

Pai Joaquim de Aruanda:

- Os estudos absolutos do ímã envolvente e os processos das conexões magnéticas são contínuos nos quatro pontos do Universo e não há um espírito que não os tenha recebido. No início das sugestões psíquicas que subornam a vontade do ser, aqueles que começam a gostar das energias densas e desconectam o coração e a mente são reunidos em grupos especiais para estudos sobre o mecanismo das energias tridimensionais.

Nas escolas da fraternidade, cada ser terá consciência dos efeitos perversos que essas sintonias produzem no caminhar e na evolução do espírito. Cursos teóricos e práticos, que envolvem visitas aos locais de sofrimentos e dores atrozes são promovidos pela equipe amorosa dos Mestres da Umbanda. Todos se tornam cientes que se prosseguirem poderão fazer parte desses quadros dantescos e dolorosos. Como o livre-arbítrio é respeitado, os que decidirem prosseguir, caminharão conscientes para as dores. Na grandiosidade da Lei do Um, não há injustiça no mecanismo harmônico e preciso do progresso humano, por isso, não há vítimas da maldade alheia que não seja gerada pelo próprio egocentrismo do espírito.

O magnetismo do Pai é o ponto da energia una universal que circula entre os pontos dos ímãs envolventes dos seres em velocidades e reações impossíveis de serem calculadas no momento e impulsionam para as transformações específicas, todavia, alguns espíritos o rejeitam. Em que momento da caminhada o espírito impõe sua força e vontade magnética sobre este magnetismo para se desligar do Pai e de sua família cósmica?

Pai Joaquim de Aruanda:

- Não existe no caminhar dos espíritos um momento ou oportunidade específico que os induzem a escolher entre a luz ou as trevas, a alegria ou o sofrimento. Na Lei do Amor, todos marcham, igualmente, para o aperfeiçoamento individual e coletivo. As energias do magnetismo sublime alcançam os espíritos, desde o berçário nebular e, depende de cada um, aceitar ou não, o convite que os levam para o abismo das dores.

Ao aceitar as sugestões das trevas, uma pequena parcela de seres, que é de 3% em todo o Universo, decide impor sua força de vontade e escolha para se desligar de sua vivência na sublimidade; seu próprio ímã envolvente passa a absorver e acumular, em todo o eixo magnético, a energia degradada. Cabe ao espírito, decidir a alteração desses sentimentos que atraem magneticamente as partículas da inferioridade.

Ao persistir nessa condição, ele aumenta a capacidade de absorção destas por ser o campo mental extremamente sensível a qualquer conexão magnética. A partir desse momento, seu caminho direciona-se para as estrelas tristes e à subjugação aos seres que vibram nas sensações, paixões e animalidade inferior.

Os pontos envoltório-magnéticos são estabelecidos durante a formação do eixo magnético e *reagem de modo independente às energias que lhe alcançam. Se estes recebem energias sublimes, as almas se tornam radiantes, mas se desajustam como um todo nas sintonias do magnetismo degradado, fragmentando o dínamo envolvente. Por que o Pai, como criador deste mecanismo, não impede que os pontos do ímã absorvam as energias degradadas?*

Pai Joaquim de Aruanda:

- O Pai, criador do princípio inteligente e espiritual do Universo — o espírito —, o dotou também de várias energias sublimes como a do sentir, do pensar e do agir, para auxiliar em sua própria escolha e vontade. O coração é um mecanismo bastante complexo e as reações energéticas deste polo no ímã envolvente transforma o sentir em emoção e sentimentos e, do mesmo modo, o polo do pensar gera a inteligência, o pensamento, as ideias e as percepções.

Esses polos são canais da energia una e são, por sua vez, alimentados com as programações, onde oportunidades e aprendizados específicos irradiam orientações para cada ponto do ímã envolvente, capacitando os seres a escolherem suas próprias trajetórias evolutivas. Na perfeição e justiça da obra de criação do espírito cabe, portanto, a este decidir se aceita ou não as energias magnéticas degradadas, se quer ser livre ou se tornar escravo das ilusões materiais densas.

O espírito, ao fragmentar o eixo magnético, continua a receber o magnetismo magnânimo de sua morada, familiares e Arcanjos. Como os pontos envoltório-magnéticos do ímã envolvente no espírito reagem a esse magnetismo grandioso residindo temporariamente em uma estrela gelada?

Pai Joaquim de Aruanda:

- O amor magnânimo do Pai e o magnetismo sublime da família cósmica e dos Mestres da Umbanda não cessam, pois se não fossem mantidos, a matéria sutil que envolve o espírito desapareceria. Embora a decisão do espírito o tenha levado para a triste condição de fragmentação dos polos do ímã envolvente permitindo que os pontos de circulação de energia se fechassem para as partículas de amor, todo o mecanismo do dínamo envolvente continua a ser estimulado com feixes de luzes-cores contendo números precisos de átomos que favorecem as reações.

A influência desses raios de vibrações únicas, de grande velocidade e de potência, na Terra, envolve os seres para estes serem capturados, enquanto os raios também agem como absorventes dos detritos mentais que podem dificultar suas circulações. Assim que o espírito, em algum momento, percebe que ele continua imerso no magnetismo sublime e a escuridão esteve presente apenas em seu interior, o mecanismo dos pontos dá início as reações e as explosões do magnetismo vibracional sublime.

Pelo mecanismo do ímã envolvente é possível localizar um espírito que se distanciou de sua família e encontra-se em outra galáxia e se tornou um ser satânico? Como os Mestres da Umbanda lidam com este ser que vibra, pulsa o ódio e reage, fortemente, contrário ao magnetismo primordial?

Pai Joaquim de Aruanda:

- Os Mestres da Umbanda são profundos conhecedores dos ímãs envolventes, das estruturas complexas dos corpos sutis e dos efeitos gerados pelo magnetismo inferior. Esta energia degradada, ao bloquear gradativamente os pontos do ímã envolvente, provoca uma destruição das lembranças do espírito, afetando seriamente o dínamo e os corpos sutis. Quanto mais tempo o espírito permanece sob esse efeito, maior será o impacto sobre sua estrutura sutil.

A deterioração gradativa dos corpos sutis resulta nas enfermidades, no acúmulo de toxinas nos tecidos celulares, até chegar à condição de um ser satânico ou de um ovóide, cuja capacidade intelectual o faz agir com perversidade, influenciando mentes humanas a se tornarem igualmente pervertidas e a inverterem os valores da luz eterna. Todavia, um imenso amor parte dos especialistas presentes na magnífica Hierarquia Sublime e diversos métodos terapêuticos são aplicados nos irmãos da escuridão.

Entre os métodos adotados pelos Arcanjos, está a colocação destes seres em ambientes compatíveis com os seus eixos magnéticos degenerados, onde eles reencarnam em corpos que os impedem de usar o intelecto e os fazem redescobrir as emoções e os sentimentos nobres do coração, a exemplo dos quadros históricos da Terra em seus primórdios, quando humanoides foram vistos em aprendizados fraternos em todas as regiões.

É possível os Mestres da Umbanda acompanharem, no berçário nebular, o desenvolvimento dos corpos sutis dos espíritos e os momentos marcantes que definem algumas de suas escolhas?

Pai Joaquim de Aruanda:

- A mais alta hierarquia do Universo com o auxílio do Pai é responsável pelos cálculos e reações atômicas para a criação incessante dos espíritos. Todavia, após esse momento magnífico, os espíritos que sublimaram e adquiriram merecimentos podem acompanhar as atividades de progresso e evolução em um berçário de espíritos. É com grande emoção que esses Mestres do Amor acompanham e auxiliam os seres no berçário, por se tratar da criação mais sublime do Pai, que são os espíritos.

Embora a comunidade da família cósmica no berçário se encontre no conforto magnânimo do magnetismo sublime, eles também enviam raios de luzes-cores do amor e preces sublimes. As preces que partem de seus corações formam campos magnéticos pulsantes e vibrantes que atingem os corações e as mentes dos espíritos em formação para que estes assimilem o sentir das conexões psíquicas presentes no Cosmo.

Apesar da filosofia do Oriente, desde há milênios, ser receptiva às questões da imortalidade da alma e ao mecanismo da reencarnação, as controvérsias sobre esse tema persistem. Qual filosofia reencarnatória deve ser seguida, a que reporta o retorno do espírito em qualquer tipo de forma física ou a que mostra a oportunidade sagrada para o espírito regenerar-se?

Pai Joaquim de Aruanda:

- No Oriente e Ocidente, desde a mais remota antiguidade, muitos indivíduos e culturas eram receptivos à imortalidade da alma. Tanto a imortalidade da alma como a reencarnação sofreram profundas distorções no Oriente, contribuindo para uma compreensão errônea da materialização e desmaterialização do espírito no educandário Terra. Em algumas sociedades acredita-se que a vida, para se adequar aos aprendizados, o espírito pode renascer nas formas fluídicas de vegetal, animal, como insetos, etc. ou humanos. O que determina esse tipo de aprendizado é a Lei do Carma, cujo conjunto de reações negativas gera sofrimentos e o contrário, elevações sublimes. Ao final dos aprendizados, ocorre a união definitiva com o mundo espiritual.

Outros conceitos foram alterados de modo que atualmente acredita-se que a essência do espírito não morre, mas ele retorna à existência física da Terra como um ser ignorante e desprovido de memórias do passado, fazendo com tenha que reiniciar seus aprendizados, em meio a sucessões de renascimentos, provas e mortes.

A filosofia do Oriente da reencarnação, recentemente, voltou a ser apreciada por algumas sociedades no Ocidente. Suas construções filosóficas mostram que a filosofia correta é a do Um que demonstra claramente que o espírito nunca perde sua essência una e se manifesta nos dois mundos, dando continuidade a sua programação de aprendizados como ser humano, passando por programações na Terra como em outras moradas no Universo. A renovação e a reabilitação de seus valores íntimos se fazem pelo fortalecimento nos estudos e trabalhos constantes e dignos.

As descrições sobre os veículos sutis que o espírito utiliza para se movimentar entre dimensões seguem as mesmas distorções vistas na Lei da Reencarnação. Quais verdades devemos seguir?

Pai Joaquim de Aruanda:

- O conhecimento sobre a presença de corpos ou veículos sutis que envolvem o espírito foi inserido na filosofia e metafísica, desde tempos imemoriais na Terra. É igualmente, ao que ocorreu na filosofia da reencarnação, houve uma deturpação proposital para que dúvidas e incertezas estivessem presentes nas reflexões e análises dessas questões importantes para o ser humano. A filosofia do Um sempre estimula as interrogativas para manter a movimentação das energias no eixo magnético para que o espírito sempre se lembre de quem é e de onde veio.

O ser humano na Terra, ao permanecer, fortemente arraigado à estreiteza das ilusões, ao significado das palavras e as interpretações do conhecimento limitadas aos sentimentos que armazena, vem reencarnando e desencarnando, em ciclos onde pouco renova o conhecimento e os conceitos sublimes. Ele permanece preso aos sentimentos degradados, como se vivesse em uma bolha que o isola da realidade dos dois mundos. Todavia, esse mecanismo magnético, com o passar do tempo, danifica os tecidos dos corpos paralisando o eixo magnético em frequências baixíssimas, causando danos gravíssimos a sua estrutura sutil, construída em bilhões de anos.

Tomar ciência de que possui veículos sutis que o capacita a ter vida digna e alegre no Universo é um dos mecanismos do despertar oferecidos pelo Pai. Somente o conhecimento nobre que movimenta as reflexões e construções filosóficas da Lei do Um é capaz de curá-lo e encaminhá-lo às vivências de amor no Universo.

É conhecido, desde tempos imemoriais, as luminosidades e levezas apresentadas por anjos, arcanjos e espíritos sublimes, os quais são vistos por algumas pessoas durante o sono ou durante as orações, em forma de manifestação ou inspiração divina, para trazer profecias, advertências, ou ainda, auxílio em situações de perigo. Por que os vemos dessa maneira, apesar de não compreendermos esses brilhos e suas 'asas' e o modo como operam?

Pai Joaquim de Aruanda:

- Os Mestres da Umbanda utilizam forças e recursos diversos dentro das programações estabelecidas para o despertar dos seres. Desse modo, a mediunidade que transmite mensagens dos espíritos desencarnados, o faz em forma de manifestação divina. Esta revela as profecias e as aparições dos anjos, arcanjos e outros seres iluminados e tem os objetivos de clarear a escuridão dos sentidos e fazê-los relembrar os seres com os quais tiveram contato antes da reencarnação, da existência dos dois mundos e dos mundos radiantes que conheceram, assim como demonstrar a sobrevivência da alma.

Esses pequenos gestos de amor dos Mestres da Luz Eterna inspiram os seres a se conectarem com a espiritualidade, a pensar na vida futura, saindo um pouco da acanhada e triste vida terrestre. Mesmo que alguns seres, com visões fixadas nos dogmas religiosos, descrevam os anjos e arcanjos com asas enormes e espadas dilacerantes, envolvidos em luminosidades radiantes, em algum momento, ele pode abrir a acústica da alma e perceber a realidade sublime que o envolve e o auxílio que o alcança, interruptamente.

A vivência em dois mundos permite a aproximação do ser encarnado com os que estão desencarnados, especialmente, durante o sono, todavia, grandes distúrbios são observados nessa fase, como agitações, pesadelos, terror noturno, perda total ou parcial do sono e ainda a paralisia do sono. Por que e como esses fatores afetam um número expressivo de pessoas encarnadas?

Pai Joaquim de Aruanda:

- A vida nesta estrela fria ocorre nos dois mundos, o que propicia fortes interações envoltória-magnéticas entre os seres encarnados e desencarnados, o que gera quadros obsessivos de extrema e variada gravidade. O sono apenas colabora para que haja maior liberdade aos corpos sutis e o reencontro dos seres que se ligam nas inconsequências devastadoras. Dessa forma, os transtornos surgem em razão das almas lutarem intensamente entre elas, executando planos de vinganças, atos ferozes contra aqueles que contrariam seus desejos, ataques à autoestima e satisfação de desejos pervertidos, formando-se teias magnéticas à semelhança das teias das aranhas, ligando os psiquismos em ondas mentais ininterruptas.

O ser, ao se colocar na posição de vítima ou de negar a continuidade da vida, ou ainda, de não aceitar quem é e a razão do exílio, mantém, em si próprio, a vontade de permanecer nos quadros tristes da escuridão. Como é impossível se desligar do mundo real, visitam sempre os locais que sintonizam pelos sentimentos e muitos terminam por terem alucinações ante as visões pavorosas que presenciam nesses locais.

Enquanto houver ressentimentos, revoltas ou desejos inescrupulosos fixados no coração e no psiquismo e o vitimismo continuar a degenerar o ego, os transtornos do sono e seus efeitos no despertar permanecem afetando, seriamente, a programação feita amorosamente antes da reencarnação. Os casos dolorosos dessa rebeldia e egoísmo, ao externarem-se no corpo físico, demonstram cansaço, dificuldade de raciocínio, ansiedade, déficit de atenção, irritabilidade, sonolência, distúrbios no sistema imunológico, entre outros.

A ciência da neurologia vê os transtornos do sono como patologias derivadas de traumas, crises de ansiedade, depressão, alterações de elementos químicos no corpo físico e as tratam com fármacos fortíssimos. Isso é suficiente para resolver o problema do ser e os transtornos do sono?

Pai Joaquim de Aruanda:

- Infelizmente, a neurologia na Terra estuda os distúrbios do sistema nervoso que envolve o cérebro, medula, nervos e músculos, sem qualquer vínculo com o eixo magnético que comanda o coração, o psiquismo e todo o conjunto dos corpos sutis, onde estão as redes nervosas interligando os sistemas atômicos que compõem esse sistema.

O espírito quando encarnado apenas expressa externamente os efeitos das causas criadas nos milênios passados e, muitas vezes, eles vêm acompanhados por crises profundas de incoerências, remorsos, vergonha e culpa. Embora o espírito busque ignorar e, até rejeite, a sua condição de eternidade, o ímã envolvente o mantém ligado à condição imposta por ele próprio, travando lutas intensas entre a necessidade da renovação, a saudade dolorida dos familiares e querer permanecer nas conexões e sensações densas.

Os transtornos e crises tratados pelas vias orgânicas com fármacos fortíssimos trazem alívio temporário, adormecendo as células nervosas que não deixam escapar as alucinações causadas pelas visões terríveis, as brigas ininterruptas, os encontros movidos pelos ódios ou com os afins. No entanto, tudo continua sem alterações no eixo magnético que está paralisado na escuridão e, fortemente imantado às mesmas condições tristes. A verdade incontestável é que a natureza una requer que os reajustes às leis universais aconteçam, se as causas e efeitos não forem eliminados com as pulsações das transformações para o amor.

Em muitas situações, observamos que muitos seres, apesar de toda a maldade que praticam na Terra, entre elas: homicídios, roubos, corrupções, calúnias ou estímulos às guerras, parecem ter sono tranquilo e acordam com grande disposição e alegria para as atividades diárias. Por que isso é possível?

Pai Joaquim de Aruanda:

- São grupos de espíritos que vivem mergulhados em vontades e pensamentos densos e na indiferença do amor. Suas mentes adoeceram gravemente com o intelectualismo e os corações mergulharam na mais profunda escuridão do desamor. Seus atos engenhosos, infames, inescrupulosos e masoquistas são praticados sem qualquer vergonha, culpa ou remorso e são firmados em pactos 'vantajosos'.

A maioria desses espíritos passa despercebida nas sociedades da Terra, cuja categoria inclui indivíduos que podem, perfeitamente, ser classificados pelos Mestres da

Umbanda, como psicopatas ou sociopatas, embora a sociedade humana os aplauda pela afinidade de sentimentos e pensamentos, elogiando suas conquistas e, até mesmo, contribuindo para as atrocidades cometidas.

Todavia, a ordem na Lei do Um prevalece no Universo e nenhum ser escapa ao seu reajuste, pois se a semeadura é livre, a colheita será obrigatória para todos os que formaram os pactos antifraternais. Esses irmãos, após os aprendizados austeros, em algum momento, deixam para trás o mundo das ilusões e encontram no amor eterno a força necessária para a transformação.

Por que a maioria das pessoas apresenta grande temor à morte quando muitos, no momento do desprendimento do espírito da matéria física, entram em grande desespero e, outros ainda, acreditam no sono que virá e na trombeta que soará anunciando a chegada de Jesus?

Pai Joaquim de Aruanda:

- Muitos irmãos chegaram a Terra em tristes quadros de estagnação mental cristalizados, em determinadas faixas de frequências vibratórias vinculadas a ortodoxias rigorosas, dogmas, fanatismos e idolatrias. Todavia, cada materialização no plano físico oferece extraordinárias oportunidades de aprendizados.

Sem qualquer interesse nas renovações da alma quanto aos sentimentos, pensamentos, vontades e escolhas, continuam confinados nos estreitos laços consanguíneos, atendendo a interesses egoísticos, limitando o conhecimento às futilidades, às promiscuidades, distantes dos valores éticos do saber, convivendo com outros seres, recebendo auxílio sem agradecer ou nada doar. Auxiliam exigindo o retorno de favores, exigem e reclamam às menores contrariedades, demonstrando melindres ou vitimismo, entre outras ações que os mantém nos quadros tristes e iniciais do exílio, sem qualquer alteração.

O espírito inserido neste grave contexto, ao aproximar dos instantes finais da programação amorosamente preparada, sem que os interesses passageiros tenham sido substituídos por valores fraternos e enobrecedores, seu ímã envolvente, aos poucos, vai promovendo o relaxamento magnético entre os corpos sutis. Ou seja, os corpos mental inferior e astral voltam à vivência no mundo real e os corpos, físico e o etérico, vão ser reabsorvidos pelo magnetismo terrestre, cujo mecanismo provoca dores profundas, alucinações e terror que passam a dominar a mente, presente no corpo mental inferior. Enquanto os laços materiais vão se desfazendo, eles sentem o magnetismo denso e perigoso dos locais tenebrosos de onde vieram e que, temporariamente, havia ficado adormecido em sua consciência.

Outros seres, cujos psiquismos ficaram fixados em dogmas religiosos podem adormecer a alma por séculos ou décadas, provocando letargias graves na constituição das células, as quais despenderão outros milênios ou séculos para serem reativadas ou reconstruídas. Os pontos envoltório-magnéticos, no eixo magnético, continuam a ser impactados pelos giros das energias densas e, ao serem limitados pela letargia das células dos corpos, o que também contribui para a continuidade das dores ou alucinações, enquanto estes indivíduos dormem.

****

Exercício nº 7: O sentir das inquietações da alma

Os seres na Terra, à medida que as programações do Pai os dirigem para os aprendizados e as reflexões da alma, para o autoconhecimento e para a compreensão dos sentimentos, tornam-se aflitos, angustiados e tristes. Eles reconhecem a existência interna de dores, fraquezas e sentimentos pouco nobres e dignos. Muitos desistem e outros resistem em querer conhecer o processo que os envolve nos dois mundos: quem são e de onde vieram.

Todavia, chegou o momento de sentir o que o ser necessita para se reabilitar, renovar e retornar ao coração do Pai e ao amor dos familiares; recomendamos o seguinte exercício: em um local calmo e tranquilo, colocando os pés na areia, terra, água ou grama, procure ouvir sua alma e analisar como ela está ou como tem estado nos últimos meses ou anos; busque ouvir seu coração para saber se os anseios que trazem agitações são compatíveis com o que planejou antes de reencarnar; se está sentindo solidão e vazio na alma; se desenvolveu o amor posse por alguém e esse sentimento não é correspondido; procure entender o quanto as ilusões e as exigências da sociedade têm comandado sua vontade e se essas sugestões não têm trazido angústias ou crises de ansiedade por não tê-las concretizado ainda.

Não basta ficar lhe perdoando, sem aprender a se libertar das prisões internas criadas pelas próprias decisões e que resultaram em ilusões tristes. O autoconhecimento é o primeiro passo para o retorno ao coração do Pai, alcançar a liberdade e o sentir do amor eterno e o amor dos familiares!

8

Unificação do espírito e a Umbanda

Na unidade do Um, a unificação do amor pela Umbanda se faz com sabedoria, virtude e ética, que se conectam ao eixo magnético com o auxílio dos conceitos da natureza única e do conhecimento que dignifica e liberta.

Em alguns bilhões de anos, milhares de milhões de civilizações passaram pela Terra, em razão das programações educativas dos exílios e das deportações, deixando impressas no magnetismo terrestre, a excepcionalidade da existência no Universo. No caminhar de cada coletividade, os reflexos dos sentimentos que carregavam internamente, se tornaram evidentes e, claramente, associados às suas bagagens de vivências ocorridas no espaço Sideral.

Exceto algumas civilizações que viam as reencarnações como oportunidades de materializações dos espíritos para novos aprendizados e oportunidades, a maioria dos seres de comportamento materialista, de modo paradoxal, excluiu a possibilidade de o ser humano ser um espírito cósmico proveniente da Unidade Cósmica Universal e o de ter tido experiências em estrelas no Universo. Algumas coletividades, sabendo das programações temporárias a que estavam submetidas, tentaram impregnar nos psiquismos imaturos, a possibilidade de tornarem a Terra suas moradas permanentes, como se no Universo, não houvesse a administração do Pai e das Hierarquias Sublimes.

Baseado na dificuldade psíquica que os habitantes temporários desta estrela tem em visualizar a família universal, Pai Joaquim de Aruanda nos convida a refletir sobre esse pensamento de exclusão da unidade do Um em razão dos dogmas cristalizados no eixo magnético do espírito que altera a realidade do mundo real. Ele nos mostra os caminhos que levaram nossa essência a buscar a indiferença do amor incondicional, de acordo com as escolhas e decisões próprias e o respeito que a nossa família tem pelo nosso livre arbítrio, deixando que sigamos nossa vontade e querer, mesmo que estas nos levem ao abismo profundo.

Por meio de reflexões e análises, o Mestre Universal revela os mecanismos complexos do sentir, do pensar e do agir nos pontos e conexões envoltório-magnéticas do ímã envolvente, que molda nossa essência, mas também permite que conheçamos nossos corações e determine o fortalecimento do nosso caminhar para que a liberdade seja a nossa alegria de viver na unidade do Um.

Do ponto de vista espiritual, quais as consequências do ser humano se ver como uma máquina perfeita dotada de cérebro cujos neurônios trabalham de modo complexo, mas que desconsidera as emoções e os sentimentos internos do espírito?

Pai Joaquim de Aruanda:

- As diferentes visões materialistas sobre quem é o ser humano descrevem as maravilhosas e impressionantes operações das sinapses neuronais movidas pela energia elétrica, os passos do sistema digestório para absorção do alimento, a bomba motora que é o coração e, outros assombrosos mecanismos do corpo físico, distantes do espírito cósmico e são estratégias astutas e obscuras para manter os seres em profunda confusão mental.

Estimulando a contínua idolatria ao corpo, cujo complexo material e temporário é frágil e deficiente se o compararmos aos outros corpos sutis, o direcionamento da mente para questões mais superficiais favorece o esquecimento, de modo perverso, que quem comanda essa estrutura, sempre em ação retilínea, é o próprio espírito amparado pelas leis divinas.

O outro objetivo pérfido é o de desviar a atenção para as energias do sentir, pois se uma máquina não tem sentimentos, não há necessidade de examiná-la, de analisar oportunidades e experiências nas tomadas de decisões e escolhas. Ela cumpre seu papel de modo automático e quando as engrenagens não funcionarem em harmonia, partes podem ser substituídas ou reajustadas por outras, caso o sistema emperre o funcionamento, ou ainda, com o auxílio de fármacos, a vida poderá ser prolongada.

O ser humano, longe de ser um sistema atômico construído pela ação aleatória da natureza, apesar dos acadêmicos dizerem o contrário, sabe, em seu íntimo, que esse pensamento não condiz com emoções, sensações e sentimentos que transitam em seu interior, os quais ele camufla, sob as máscaras pesadas. Essa atitude, além de ser extremamente danosa, favorece o acúmulo de grandes quantidades de toxinas que deverão ser retiradas pela ação das deformidades ou enfermidades que surgem no corpo físico, em ciclos que podem ser de longa duração.

Os seres materialistas, ao questionarem o que é a vida, se os átomos têm vida e o que define um ser vivo, sob o ponto de vista dos estudos experimentais acadêmicos que desconsideram a vida cósmica, não estimulam a indiferença e o desrespeito ao que cada indivíduo e ser vivo representam na coletividade?

Pai Joaquim de Aruanda:

- De modo geral, a vida humana ou a vida dos seres vivos apresentam valores abstratos e relativos, em uma estrela fria, em virtude das questões éticas, também terem se tornado relativas. As estatísticas mundiais evidenciam esses fatos, 'aparentemente normais', com números que mostram os índices de mortes por negligências diversas, assassinatos, brigas, disputas ou rixas, desastres ambientais provocados ou induzidos nos biomas, níveis de miséria e pobreza, entre outros.

Esses números, claramente, revelam a indiferença aos valores e princípios éticos da vida, a qualquer ser vivo nesta estrela, todavia, sob as pesadas máscaras de interesses subterrâneos, o desrespeito à natureza se perpetua sem que haja força de vontade em alterar esses quadros dantescos.

O amor material das ilusões, supostamente, tenta nos fazer acreditar que existe um sentimento nobre por detrás de alguns atos que praticamos. Todavia, a maioria dos indivíduos perdeu a consciência individual e coletiva no transcurso dos séculos ou dos milênios, ao manterem os corações gelados ao amor. Para resgatá-la será preciso que a ciência, a filosofia e a religiosidade adotem ações edificantes e firmemente amparadas por construções no amor incondicional.

A intelectualidade e a ciência tornaram-se dogmas dominantes nos últimos séculos e, por isso, é aceitável que diversos estudos que buscam compreender as conexões mentais, os aprendizados, o recebimento de estímulos, os raciocínios e a capacitação da consciência no Cosmo, nunca alcancem resultados sólidos que dinamizem a capacitação psíquica humana universal. Quando a ciência será capaz de reverter esses estudos para algo mais proveitoso ao progresso humano, reinserindo os seres, conscientemente, na família universal?

Pai Joaquim de Aruanda:

- Na Grande Unidade do Pai, vivemos momentos decisivos de renovações. Nas estrelas geladas, elas são compulsórias e à medida que os giros do Universo reposicionam as estrelas e as humanidades ao seu eixo magnético, de acordo com as programações do Pai, os seres nas estrelas frias sentem profundamente as energias primitivas que são acionadas para as reabilitações. Esses mecanismos movimentam intensas ondas magnéticas agressivas que, ao circularem nos eixos magnéticos dos indivíduos, tornam-se gatilhos para surtos psicóticos, comportamentos agressivos, aumento dos prazeres e vícios que comprometem a integridade dos pontos, conexões e corpos sutis. Em vista disso, os dogmas da ciência destacam a inteligência que se torna mais acentuada e envolvida por forças maléficas, não aceitando questionamentos por não estar associada ao coração.

Desse modo, quanto mais se aproxima do desfecho das transformações, mais se faz necessário ter a ciência psíquica alinhada ao amor para que os seres em desequilíbrios possam caminhar com menos dores, mais confiantes e seguros para as renovações que serão inevitáveis. Os próprios cientistas deveriam despertar para a ciência amparada pela grandeza do Pai para suavizar as dores que eles próprios estabeleceram a si, ao se perverterem nas glórias do poder e do ouro, com os corações petrificados nas sombras da indiferença. Somente quando desenvolverem o amor internamente, a ciência e o progresso humano serão efetivos e benéficos a todos.

Por que as programações do Pai ao trazerem as informações sobre o ser humano cósmico contendo um dínamo envolvente de extrema sensibilidade ao sentir, pensar e agir, contando com o auxílio da filosofia cosmológica, envolveram apenas as civilizações: atlante, védica, chinesa e grega?

Pai Joaquim de Aruanda:

- O conhecimento sobre o ser humano, a condição de infinito e eternidade e a sua conexão com o mundo real sempre foram estimulados nas diferentes sociedades da Terra, em todas as épocas. Os temas desenvolvidos pela filosofia cosmológica sobre o espírito cósmico, a unidade espiritual do ser com a natureza uma, que estão inseridos nas civilizações no passado, cujas essências ainda circulam nos psiquismos dos indivíduos, são teorias e práticas cumulativas de povos ainda mais antigos. Nenhuma sociedade teve privilégios diferenciados pelo Pai, por não haver injustiças no mecanismo preciso e ordeiro da evolução espiritual.

Infelizmente, qualquer tema colocado na ciência, na filosofia, na religiosidade e nas artes, para o fortalecimento do despertar, sofre deturpações em razão do magnetismo deteriorado do ambiente que instiga comportamentos interesseiros, mesquinhos e sugestões perversas e tentam amortecer a bagagem psíquica que cada um carrega em si. Mesmo que a ciência materialista alegue que não precisa de Deus para executar suas funções, diversos acadêmicos vêm sendo intuídos a se lembrarem dos estudos da antiguidade, ressaltando com mais profundidade as questões das emoções, das sensações e dos pensamentos. No entanto, poucos e, de modo tímido, ouvem os apelos dos mestres da Umbanda e prosseguem nos estudos, unindo a conexão magnética do ser humano à alma e esta, ao Universo.

Por que o tema do ímã envolvente, seus pontos de conexões envoltório-magnéticas ainda não podem ser estudados com profundidade no ambiente da Terra?

Pai Joaquim de Aruanda:

- Compreender como se formam os sentimentos e os pensamentos e, como se movimentam por energias tridimensionais de altíssimas frequências vibratórias, comandadas pelo próprio espírito, é crucial para o ser humano se libertar do magnetismo inferior. Todavia, um número expressivo de seres na Terra está fortemente influenciado por conexões psíquicas pervertidas, às quais, ao acessarem esse conhecimento de grande relevância para o ser, o transforma em armas para aumentar o poder de domínio, ampliando os exércitos e induzindo os seres que já estão escravizados a outros tipos de seduções e hostilidades. O aumento das forças satânicas e demoníacas pode criar novas enfermidades perigosas para a integridade dos corpos sutis e dos eixos magnéticos.

Vimos que, embora não tenham informações completas sobre o ímã envolvente, os seres satânicos já atuam fortemente sobre o ponto 49. Este ponto, extremamente importante no quaternário inferior, se conecta há todos os outros pontos para o qual esses seres enviam raios densos contínuos para a destruição dos trabalhadores do Pai ou para a manipulação disciplinada dos seres indiferentes ao amor, fortalecendo seus agrupamentos, de acordo com os planejamentos por eles estabelecidos. O conhecimento, portanto, desse complexo de conexões do espírito nos processos internos e externos de movimentação das energias para o sentir, o pensar e o agir podem gerar situações ainda mais graves para aqueles que se tornaram alvos dos seres satânicos.

A limitação do conhecimento sobre o eixo magnético também está inserido nos ensinamentos da Umbanda, que sempre auxilia, mostrando o significado do livre-arbítrio e das escolhas na libertação dos seres?

Pai Joaquim de Aruanda:

- Os Mestres do Amor que trabalham na Umbanda, de modo fraterno, por serem grandes conhecedores do psiquismo humano, não evidenciam conceitos explícitos ou impõem conhecimentos sobre o eixo magnético, mas utilizam-se de conversas calmas, simples e fraternas, cujas palavras levam, indiretamente, a refletir sobre o caminhar do indivíduo na Terra e a repensar os sentimentos contaminados pelas impurezas do vitimismo, do querer egocêntrico e do desamor. Sem mencionar, claramente, como as energias do sentir, do pensar e do agir atuam em cada um, os mestres evidenciam, de modo sereno, a responsabilidade do ser pelas escolhas que faz e auxiliam, incondicionalmente, aqueles predispostos às mudanças. Durante os passes e os tratamentos terapêuticos, fazem verdadeiras limpezas nos campos e eixos magnéticos dos seres, trazendo um pouco de alívio às dores e às angústias, permitindo que cada um reflita sobre o seu livre arbítrio.

Esse modo de agir e de atuar, nem sempre é encontrado em muitos terreiros que se denominam de Umbanda. Os locais que excluem a essência da Lei Universal do Um e interfere no livre-arbítrio dos seres, contando com o auxílio de 'entidades fortes', não há conexões voltadas para o amor incondicional, não sendo esse, o procedimento dos Mestres da Umbanda. O amor deve prevalecer nas sessões de tratamentos da alma para que o mecanismo do eixo magnético reaja para as grandes transformações dos sentimentos.

Os locais que agem, ao contrário, cultuando egolatrias e deturpações com o conhecimento reduzido do espírito cósmico, a criação de titularidades, a valorização de origens ancestrais distorcidas, a glorificação das efêmeras raízes de povos do passado, os sons que movimentam energias sonoras perigosas, a atuação de médiuns como despachantes, os caprichos dos seres e entidades, e outros métodos, agridem os verdadeiros ensinamentos dos Mestres Umbandistas.

A Umbanda é a explosão de corações no Um, sem conceitos e divisões, respeitando o espírito cósmico em exílio, o livre arbítrio e as programações de cada indivíduo frente à Lei de Causa e Efeito; o que foge desse paradigma não é Umbanda Universal do Um.

As conexões magnéticas do ímã envolvente refletem nas programações e moldes do espírito encarnado. Caso ele determine seu retorno ao coração Pai, os resíduos densos desaparecem, automaticamente, e os moldes magnéticos das futuras reencarnações podem refletir seus brilhos, sem as limpezas e drenagens necessárias?

Pai Joaquim de Aruanda:

- No átomo espírito está inserida a matriz sublime do Pai, em razão disso, as reações energéticas que pulsam para as transformações do sentir, do pensar e do agir são imediatamente reconhecidas pelas Mentes Sublimes que aguarda o espírito, amorosamente. Estes seres do amor profundo e absoluto reconhecem o momento preciso de fortalecer essas decisões, enviando feixes de luzes-cores que circulam nos pontos obstruídos, para que, à medida que o ser acentue seu desejo de renovação, eles possam efetivar as conexões sublimes e assimilar as partículas de amor.

O processo de assimilação destas partículas e a consequente renovação do mecanismo do ímã envolvente faz com que o espírito perceba em como suas decisões e escolhas afetaram seus corpos sutis, progresso evolutivo e o mal que causou a si e a outros. Não há milagres que, simplesmente, façam desaparecer venenos e toxinas armazenadas nos corpos sutis. Desse modo, com o auxílio dos Mestres do Amor, ele próprio escolhe como retirar as impurezas que acumulou em seus sistemas magnéticos, criando moldes específicos para cada etapa reencarnatória.

Isso requer esforços disciplinados e forte vontade de mudança, mas a alegria de retornar ao seio de sua família e ao amor eterno são impulsos extraordinários de libertação. Gradualmente, o espírito passa a irradiar os brilhos de seu merecimento e o esforço de retornar ao coração do Pai.

Por que os sentimentos sutis que mantêm o esquecimento de quem somos e do que escolhemos durante as vivências nas estrelas passam despercebidos? Qual o impacto, em nosso caminhar, de não nos lembrarmos de nossa essência?

Pai Joaquim de Aruanda:

- Os impactos são devastadores ao deixarmos de sentir o próprio coração e, gradualmente, esquecemo-nos da essência criada pelo amor do Pai. Aos poucos uma escuridão profunda atinge o mecanismo do eixo magnético, em cujo processo passou a alimentar o intelecto e a razão. Nesse ínterim, amortecendo a consciência com prazeres efêmeros e viciantes, pouco se percebe dos sentimentos densos e sutis que escolhemos e passamos a gostar das sensações.

Nossas vivências se sucedem em círculos cada vez mais tenebrosos, administrados por decepções, tristezas, lágrimas e dores, inseridas nos ambientes que consolidam a indiferença ao Pai, aos familiares cósmicos, ao amor eterno e às construções filosóficas que levam à compreensão do eterno e do infinito.

A existência dessas energias e forças circulando entre os pontos e conexões envoltório-magnéticas do ímã envolvente atraem, por sua vez, as entidades das sombras e estabelecem conexões psíquicas perigosas que se apossam, pouco a pouco, da nossa vontade, tornando-nos escravos de seus desejos e ambições. Após as conexões serem estabelecidas, por nossa própria decisão e escolha, as vivências precisam ser direcionadas entre educandários austeros, como a Terra, ou em prisões de segurança máxima, em estrelas na condição de humanoides, como resultado dos círculos viciosos e degradantes que se formam e colocam em perigo a integridade de outros seres e estrelas.

Como os sentimentos de culpa, remorso e vergonha, tratados com superficialidade nos ambientes acadêmicos da Terra refletem as conexões densas presentes no ímã envolvente e estas, no caminhar do espírito?

Pai Joaquim de Aruanda:

- Os sintomas de culpa, remorso e vergonha se iniciam quando o espírito começa a resgatar a consciência de quem é. Dá início às reflexões e introspecções dos eventos ocorridos após o mergulho na escuridão e ele não gosta do que fez e das atitudes que tomou. Todavia, a consciência que ficou estagnada por séculos ou milênios, ainda não é capaz de analisar tudo com clareza e coerência. Dependendo do modo como interpreta as experiências pelas quais passou e os atos praticados impulsionados pelo magnetismo inferior, venenos psíquicos de autodestruição podem aumentar a circulação no eixo magnético e persistirem por milênios, cujas consequências são devastadoras, transformando em quadros dolorosos de difíceis tratamentos.

Os reflexos desses sentimentos durante a internação no corpo físico podem ser de suicídios, deformidades, doenças complexas psíquicas como: autismo, idiotia, esquizofrenia ou outros dolorosos desequilíbrios fisiológicos e psíquicos, em função de culpas e remorsos latentes que agem de modo oculto afastando o ser das renovações. A incoerência nas visões do passado desencadeadas por esses sentimentos, também pode se manifestar como vitimismo, o que resulta no suborno do coração e da própria mente, perpetuando a autoflagelação.

Na sequência dos desatinos desses sentimentos funestos, o eixo magnético perturbado pelos venenos ocultos ou assumidos durante as reencarnações, geram grandes problemas nos agrupamentos consanguíneos da Terra. Sob a influência das culpas do passado, camufladas nos novos corpos físicos, tendências psíquicas, aparentemente 'ocultas', podem se manifestar nos envolvidos, através da memória psíquica, provocando verdadeiras tragédias infelizes, aumentando os efeitos viciosos que exigem retificações severas.

O espírito deportado ou exilado pode passar séculos ou milênios com o eixo magnético imantado a outros de baixíssima frequência vibratória. Como se dá o processo de desligamento destes quadros dolorosos?

Pai Joaquim de Aruanda:

- A Lei do Amor é extremamente sensível às pulsações dos espíritos e, quando surge a mais leve agitação no eixo magnético de um espírito, pela união do interesse da mudança e da vontade de renovação, feita com sinceridade no coração, as vibrações e pulsações nos pontos envoltório-magnéticos do ímã envolvente reagem aos complexos psíquicos que circulam em determinados pontos. Por exemplo, os feixes de luzes-cores do amor incondicional irradiam ondas que levam as partículas do magnetismo vibrante para as transformações atuarem no ponto 43, além de outros pontos que aos raios se submetem.

Caso o espírito persista na renovação e no despertar com mais rapidez da consciência espiritual, os sentimentos densos que estreitam as conexões de baixíssimas frequências vibratórias vão se dissipando, com muita determinação, vontade e coragem. Ele conta com o auxílio das forças do magnetismo vibrante que se intensificam, enviado pelos seres sublimes, em cujo momento ele se verá livre dessas conexões perigosas.

As preces sinceras e as reações do amor para a renovação provocam explosões poderosas que ecoam no Universo e, o sentir do amor no coração do ser é capaz de quebrar as mais sólidas correntes da escravidão, pois para se chegar ao coração do Pai, só depende de cada um e da grandeza do poder vibratório de seu coração.

Sentimentos densos circulam fortemente em uma estrela fria, como o da inveja, por exemplo, uma das causas dolorosas para o desequilíbrio do eixo magnético. Como posso me livrar deste sentimento e de outros que paralisam o eixo magnético e ter certeza de que fiquei livre dos mesmos?

Pai Joaquim de Aruanda:

- As vivências nas estrelas frias são dolorosas porque o envio de raios densos pelos exércitos da escuridão é contínuo e de grande impacto nos eixos magnéticos e estruturas sutis dos espíritos, cujas emanações das ondas afetam pontos envoltório-magnéticos como: o 45 e o 46, por exemplo. Os diferentes tipos de energias densas direcionadas com objetivos específicos como: inveja, poder, sensualidade, avareza, intolerância, etc., ao circularem nesses pontos, dependendo da forma de indução, estabelecem padrões de equivalência, ou seja, respondemos aos raios recebidos na mesma frequência, alimentando-os e redistribuindo-os na mesma intensidade.

Ao buscarmos as renovações para o amor devemos interceptar esses raios que chegam e os que partem do nosso coração, isso demandará forte disciplina no sentir, pensar e agir, pois vemos que as mudanças vibratórias dependem, exclusivamente, de cada um. A certeza de que estamos livres destes sentimentos se evidencia nos exemplos que oferecemos no dia a dia, na prática do amor fraterno, nos estudos e nas reflexões que realizamos. Somente o conhecimento e a prática do amor dignificam o ser e dar a ele a certeza de caminhar em direção à liberdade da alma.

Sabemos que, durante a permanência em uma estrela, nossa essência reflete as conexões que a constituem tanto as sublimes quanto as densas. Como adquirir a confiança em estabelecer conexões sublimes?

Pai Joaquim de Aruanda:

- Vimos que a prática do amor é o sentimento necessário para se caminhar em uma estrela fria e triste, como também sabemos quais são as nossas essências, se estão conectadas ao amor ou aos sentimentos subterrâneos. Estando em uma estrela fria, se nossas essências buscam as renovações nobres e as práticas dos princípios éticos e virtuosos, teremos a certeza e a confiança de que os raios sublimes nos alcançam e, portanto, as conexões que se formam no eixo magnético nos impulsionam para a prática do amor.

Não existem dois tipos de certezas, nem dois tipos de fé ou ainda dois caminhos paralelos, o denso e o sublime, seguindo em direção ao coração do Pai. Se há dúvidas sobre o gostar ou não das energias densas, não há também confiança que as conexões sublimes que impulsionam para a saída das estrelas tristes, se efetivem. Mesmo que o espírito perambule sozinho pela Terra, incompreendido, triste e desajustado, se ele quer a renovação dos sentimentos, ele terá confiança no Pai e nas Mentes Sublimes e prosseguirá edificando seu eixo magnético com conhecimento e valores nobres, até conseguir eliminar todas as impurezas de seu complexo sutil.

Você é um Mestre Universal da Umbanda, vivendo em liberdade no lar cósmico e usufruindo diretamente das partículas de amor do Pai, o que você recomenda aos espíritos que permanecerem na Terra, nos séculos e milênios futuros, até que estes adquiram a liberdade de novos aprendizados em outras estrelas?

Pai Joaquim de Aruanda:

- Primeiramente, o espírito precisa sempre se lembrar de ter a certeza de quem é, de onde veio, para onde voltará e que as vivências e oportunidades se fazem em dois mundos: o real e o físico. A maior força que um espírito pode ter em uma estrela em regeneração de sentimentos, no entanto, ainda um pouco distante do amor incondicional, é acreditar na Lei do Um, no magnetismo absoluto do Pai e nos princípios do amor que se desdobram na prática, na vivência e na coerência de existir. É também colocar em prática a filosofia do Um que faz a junção dos corações e as conexões psíquicas envolventes e que conduzem todos os passos para o progresso e crescimento.

Com a permissão do Pai, os Mestres do Amor Incondicional continuarão a trazer aos que permanecerem temporariamente na Terra, o conhecimento das verdades eternas, em construções filosóficas sublimes que alimentam os pontos e conexões envoltório-magnéticas do eixo magnético e acionam reações e explosões para a cura pelo conhecimento e a efetivação das conexões sublimes que garantem as uniões com a família cósmica, ao amor eterno e às famílias universais. Reiteramos que o conhecimento do amor dignifica o espírito e liberta a alma.

A prática do bem quando é feita com sentimentos simples, disciplinados e sinceros de fraternidade podem estimular novas conexões envoltório-magnéticas nos pontos do ímã envolvente?

Pai Joaquim de Aruanda:

- Quando o ser humano se lembra, conscientemente, que é um espírito cósmico, tem residência temporária na Terra e está aqui para sair da condição de exilado, ele começa a movimentar os giros da libertação e, com determinação, começa a estabelecer, em sua vivência, os estudos sérios da essência do Pai, as práticas do bem e da fraternidade e as autorreflexões que fazem reagir os mecanismos do eixo magnético.

Ao agregar conceitos nobres aos sentimentos densos para voltar ao coração do Pai, estabelece impulsos vibratórios e pulsantes de longo alcance e de grande potência magnética, capazes de alterar os fluxos de energias nos pontos e conexões do ímã envolvente. Estes fluxos interferem nas funções celulares dos corpos sutis e nas ações magnéticas do coração fazendo com que o ser aprofunde, analise e observe pela própria vontade, a necessidade da renovação.

As atrações que se formam nos mecanismos sublimes da reabilitação e promovem a liberdade desarticulam, gradualmente, as conexões psíquicas que alimentam o magnetismo inferior e, em consequência, surgem, em favor do ser, o amparo e o fortalecimento no amor, segundo as leis do auxílio universal.

****

Exercício nº 8: Questione-se sobre qual essência deseja ter, como espírito cósmico, no final desta vivência?

As reflexões sobre os sentimentos densos e os sublimes que nutrimos nos corações devem levar em consideração, com sinceridade, quais são eles e com que frequência surgem. A partir da autorreflexão, estabeleça a ordem de prioridade e sinceridade com o que eles afloram, com o firme propósito de mudança vibracional. Caso contrário, como espírito cósmico, não serei capaz de reconstruir o que eu destruí por vontade própria e de reestabelecer a ordem da minha essência, que é a de estar alinhada ao coração do Pai.

Recomendamos os seguintes exercícios: procure ficar descalço em um jardim ou próximo a uma mata, cachoeira, ou ainda, se possível, na praia sentindo a brisa e o odor suave da maresia. Com calma e serenidade, faça uma reflexão sobre sua vida, nas lembranças boas e ruins que surgem na memória. Olhe de forma concreta seu passado e abstenha-se do vitimismo por ele subornar o próprio coração e perpetuar a autoflagelação. Não há necessidade de se autoperdoar porque você ainda está em busca de quem é, e isso pode sabotar as autorreflexões e mascarar os resultados. Quais são os sentimentos bons e ruins que se destacam?

Para ser fidedigno em suas análises das emoções e sentimentos, de modo calmo e tranquilo, analise em quantas situações foi sincero com as pessoas ao seu redor e o que elas despertaram em seu coração; com que grau de maturidade ou imaturidade reagiu às diferentes situações de raiva, frustração, mágoa, etc. Se detectar incidências de sentimentos densos busque trabalhá-los, um a um, até perceber que sua essência tornou-se mais leve, alegre e em paz. O sentimento de calma que surge reflete a maturidade do sentir, do pensar e do agir que está em desenvolvimento e a caminho das renovações.

Agradecimentos

Ao Pai Maior e aos Mestres Arcanjos que permitiram a ampliação da verdade sobre a essência do espírito cósmico.

Ao mestre filósofo: Pai Joaquim de Aruanda; aos mestres da Umbanda: Cobra Coral, Pena Branca, Pena Cristalina, Teo, Zira, Ísis, Guardião do Sol, Vovó Benta e a todos os outros muito amados irmãos e mestres filósofos do amor, por nos trazerem as verdades infinitas do lar cósmico, repleto de amor onde o espírito, partícula de amor do Pai, caminha ao lado do amor eterno e da família cósmica, entre estrelas e programações, para adquirir sua liberdade incondicional e o magnetismo dos brilhos que giram na imensidão do Universo.

Salve a essência sublime, o princípio inteligente, criado pelo Pai!

Salve o magnífico mecanismo do eixo magnético, que acopla as partículas estelares à magnitude do ser!

Salve o amor que brilha no Universo!

Salve as vivências que transformam o átomo-espírito em espírito radiante de luz e amor!

Salve o caminhar alegre dos espíritos, entre o tempo e o espaço!

Salve a unificação do amor pela Umbanda Universal!

Salve o Universo infinito!

Salve o Pai Maior!

Sobre o Autor

Maria Regina Vilarinho, nascida em 6 de junho de 1950, natural de Uberlândia, MG, é casada e reside em Brasília (DF). É bióloga, pós-graduada em Ecologia, tendo obtido os títulos de mestre, pela Universidade de Oxford, na Inglaterra, e o de doutor, pela Universidade Federal de São Carlos (SP). Atualmente, Maria Regina Vilarinho é dirigente do Centro Espírita Tenda de Aruanda, em Brasília, DF.

A busca pela verdade, a compreensão do mundo espiritual e suas leis que regem o Universo muito além das leis humanas falíveis e inconstantes sempre foi sua preocupação e meta de vida. Anos mais tarde, soube que essas indagações, reflexões e questionamentos eram sugeridos por sua família cósmica e seu mentor espiritual, Pai Joaquim de Aruanda.

O magnífico Mestre Solar que a acompanha nos caminhos da evolução do Universo, autor espiritual em vários segmentos do saber e dos livros publicados com Maria Regina, aponta entre as verdades eternas a universalidade crística da grandiosa Umbanda Universal, como o ponto de unificação do saber de todos os seres e dos valores únicos alinhados às questões do Universo Infinito e do Pai Sublime.

Nas luzes-cores da forma fluídica que adota na Umbanda sobressai a magia do magnetismo do amor, inserindo na alquimia, filosofia, religiosidade, ciência, artes e, incluindo o senso comum, a essência do caminho do Pai que liberta os corações indiferentes, aflitos ou que buscam pela transformação de sentimentos, na estrela Terra.